WELCOME TO L
WITH WORD SE/

Learning a new language can be both challenging and rewarding. This book provides puzzle based vocabulary exercises and is intended to supplement traditional methods of language study. We believe that learning should be fun. If you are doing something that you enjoy, then it will be easy to stick with.

In Learn SPANISH with Word Search Puzzles you will find a collection of 130 bilingual word search puzzles that will challenge you with dozens of interesting categories.

This book includes:
• Diverse categories including: Numbers, Colors, The Body, Weather, Professions, Fruits, Vegetables, Verbs, Opposites, and many more!
• Words hidden horizontally, vertically or diagonally in each puzzle
• Easy to read puzzles
• Challenging and fun!
• Puzzle based learning provides unique learning perspective
• 65 jumbled review puzzles to challenge your memory and lock in those translations with reinforcement learning
• Complete solutions provided.

Keep your Mind Active and Engaged
Studies have shown that continuously challenging your brain with puzzles and games or acquiring new skills such as a new language can help to delay symptoms of dementia and Alzheimer's.
Keeping a sharp mind is a great idea for people of any age.

Learn with Word Search Series
Revised and updated for 2018.
Now including 10 challenging languages. Check out our other titles!

Happy searching!

To those who occasionally struggle to find the correct words.

Welcome to Learn with Word Search. It's time to count down to your new vocabulary.   Here we go. Three. Two. One   Find these number translations in the grid below.

```
L G L B U E E L I O N O I W N S
A T I A V E A S E A A B T T T T
G T R X M E J C I N C O A W L A
S H S O R T A U C E C N O I N J
S I G F L T N O R C T F A P E N
B R X S O C H O G H T E O F E F
Q T R R M T A E Q N T Y G U T T
Z E C B Y H N F U I H E C E R T
E E R H T I B A I E S A V V U H
I N R S N H E S N I T I O T O T
D U I E O W G T C W F R B A F O
M E N I L D E I E Y O R U Z S L
S V M T C E E L E N D N H R E M
E E A R Q U V F N V O L V D A Y
V S S E V E N E O G C M I N T I
E W S S N O E F N E E T F I F F
```

ONE	UNO
TWO	DOS
THREE	TRES
FOUR	CUATRO
FIVE	CINCO
SIX	SEIS
SEVEN	SIETE
EIGHT	OCHO
NINE	NUEVE
TEN	DIEZ
ELEVEN	ONCE
TWELVE	DOCE
THIRTEEN	TRECE
FOURTEEN	CATORCE
FIFTEEN	QUINCE

A zillion is often used to describe a huge number, but it doesn't actually have a defined value. We won't make you count to a zillion, but below you will find some more numbers to add to your vocabulary.

```
O X V O F F É M I L L Ó N Y C Ó
V H E E T E I S I C E I D T N J
R A I S I L Y R A T Y A M R E T
J O E É L N É T T T N Y D I E Y
A T N I E R T D N A S U O H T Ó
D T O O G E M E E E F C S T N E
I N N H V H V Y R A W S H H E N
E É I E E E T É A L O T N A V E
C T N R S R N Y U H H Y E T E E
I E E I O E T T C E C A E N S I
S G T F N F S E A C O Ó T E O G
É I Y C I E N T O T I A X H J H
I É X F O A T N E U C N I C L T
S É A T N E T E S U E R S O É E
Ó C H S Y B D I E C I N U E V E
L S H D G P Y H U N D R E D Y N
```

SIXTEEN	DIECISÉIS
SEVENTEEN	DIECISIETE
EIGHTEEN	DIECIOCHO
NINETEEN	DIECINUEVE
TWENTY	VEINTE
THIRTY	TREINTA
FORTY	CUARENTA
FIFTY	CINCUENTA
SIXTY	SESENTA
SEVENTY	SETENTA
EIGHTY	OCHENTA
NINETY	NOVENTA
HUNDRED	CIENTO
THOUSAND	MIL
MILLION	MILLÓN

The seven days of the week were named after
the seven celestial bodies that were visible
to the naked eye thousands of years ago.
These are the Sun, Moon, Mercury, Venus, Mars,
Jupiter, and Saturn. See if you can spot
their translations with your naked eye below.

```
S U M F R I D A Y S I O S D Í A
N E A I N S P A F U E D E O T Í
H A R R E D D W H B S A N M F Á
R R T V C R A Á O E E B R I T K
I A E I U A R Y L R E Á E N H K
E U S T O H N O E Y R S I G O Í
J Z A E D N C A A S T O V O H A
T S G Í N R A D M A T D M Y S Á
S H R N É U S L N E D E A O Ñ T
U S U I D E L A H T S D R H T O
N C M R U P C Y S O S E N D N D
D Á N T S I E E P E L O D I A A
A P Í E O D W R N E M I H N B Y
Y A D N O M A D O Ñ S A D E I L
S G A S L A E Y M A Ñ A N A F F
E L K E E W E E K E N D D A Y A
```

MONDAY	LUNES
TUESDAY	MARTES
WEDNESDAY	MIÉRCOLES
THURSDAY	JUEVES
FRIDAY	VIERNES
SATURDAY	SÁBADO
SUNDAY	DOMINGO
WEEKEND	FIN DE SEMANA
NATIONAL HOLIDAY	FIESTA NACIONAL
TODAY	HOY
TOMORROW	MAÑANA
YESTERDAY	AYER
WEEK	SEMANA
DAY	DÍA

The Roman calendar originally had ten months, which explains why September, October, November and December are based on the latin words for seven, eight, nine and ten. Search for the months and their translations below.

```
F B D T Ñ O S E P T I E M B R E
O T A F E B R E R O C T O B E R
R S Ñ A X R M E M C F I E I I B
E A T N S Y Ñ E H E T H T N O M
N L D T O D A R I Y Y C H J O E
E I I N O V E M B E R R T U T I
S R C Z E B Y P O J A A N N S V
H B R Z M L C E A E U M U E O O
O A G E U A A E Y S R L P N G N
M R C J L U Y C O E B T I E A U
R E A T G A O O L U E E H O R J
D E A U Ñ T Ñ H J M F T O I T E
O A S P O C T U B R E T G E T K
E T M Q R U N E R B M E I C I D
T W L A O I R A D N E L A C D L
H Ñ A Ñ O T L R H R P T E A G A
```

JANUARY	ENERO
FEBRUARY	FEBRERO
MARCH	MARZO
APRIL	ABRIL
MAY	MAYO
JUNE	JUNIO
JULY	JULIO
AUGUST	AGOSTO
SEPTEMBER	SEPTIEMBRE
OCTOBER	OCTUBRE
NOVEMBER	NOVIEMBRE
DECEMBER	DICIEMBRE
CALENDAR	CALENDARIO
MONTH	MES
YEAR	AÑO

TIME & SEASONS

The seasons are caused by the tilt of the Earth as it orbits the sun. For part of the year the sun shines longer on one hemisphere resulting in summer. Tilt your head and search for these words related to time and the seasons below.

```
A S L F U G V T A T V Í M E G T
P R I M A V E R A W M O M Ñ H I
F W Y O I E A É I E M I N U T E
H L I R E M M U S S N U M U N A
C O U N U D E N Ñ U E S U D O F
N O G I T T O D T O K G T E M T
H T A N H E N O A G L N U T A E
D N Í G I O R E V C A W A N I R
E G I A C R T L C A E A Í O D N
O N S E S P P O A E O D Y I A O
Í M S C E T Í S Ñ U V E R A N O
Ñ L H S G U T E U O A Ñ O N T N
I L O I A O A M E R D É C A D A
A S R G C Ñ R S S Í A E Í Ñ Y R
P Q F L D D D Í C O Y D É A T O
E H C O N R E I V N I S C M C H
```

WINTER	INVIERNO
SPRING	PRIMAVERA
SUMMER	VERANO
AUTUMN	OTOÑO
SECOND	SEGUNDO
MINUTE	MINUTO
HOUR	HORA
DAY	DÍA
MONTH	MES
YEAR	AÑO
MORNING	MAÑANA
AFTERNOON	TARDE
NIGHT	NOCHE
DECADE	DÉCADA
CENTURY	SIGLO

The three primary colors are red, green and blue. These three colors can be combined to create an astonishing variety of color. Astonish yourself by finding these translations in the grid below.

```
W J E M L N N O O C B P W W O Ó
W H N T L I G A N B L A N C O N
E Z I Q I U I M L A A Ó A W L A
Z Ó W P R D Z U T F C V I H L R
R L W L E N E A P D K C C I I A
D N I S W H A S W N R D E T R N
Y S U N S H G R I O R O Z E A J
I E S N N T S P J R L E V E M A
K R R R Q O J O N S G L D D A G
P K Ó G O L D E T E I R E S R A
E P K E M D S P G S E R O Y R T
Y Ó E O O B A U E V E R F N Ó N
H U S E N E G R O O A R G L N E
I J A R I S L P O N W O R B A G
D S L I E H N L G M P O C X Y A
E A F H A T N E G A M H W O C M
```

BLACK	NEGRO
BLUE	AZUL
BROWN	MARRÓN
CYAN	CIAN
GOLD	ORO
GREY	GRIS
GREEN	VERDE
MAGENTA	MAGENTA
ORANGE	NARANJA
PINK	ROSA
PURPLE	MORADO
RED	ROJO
SILVER	PLATA
WHITE	BLANCO
YELLOW	AMARILLO

A dodecagon has 12 sides, while a megagon has a million sides, at which point it is essentially a circle. Time to think outside the box and find these 2D and 3D shapes in the puzzle below.

```
S D E B U C I L I N D R O N N F
R S C O R E C T Á N G U L O N H
P I F I Í Í O B U C P A U O M Í
D Y A L R C N T R I A N G L E C
I R R C T C O Á R R E A N S Y E
A R U A D O L Á Y N T N Á L Z A
M L G E M B M E H N Z Y I E R R
O O H T R I U A E E H N R E E E
N N T E D A D P S T D E T H C F
D L O E X H U T R E H N Y E T S
O I S G Q Á R Q R P A Á N X A E
H V N V Á E G T S M M O Ó A N I
S I A G L T Ó O A F C Ó N G G Ó
N T W L D Í C I N Ó V A L O L I
C U A D R A D O N O G Á T N E P
V D F R S S Á E F E Í O A E A K
```

CIRCLE	CÍRCULO
CONE	CONO
CUBE	CUBO
CYLINDER	CILINDRO
DIAMOND	DIAMANTE
HEXAGON	HEXÁGONO
OCTAGON	OCTÁGONO
OVAL	ÓVALO
PENTAGON	PENTÁGONO
PYRAMID	PIRÁMIDE
RECTANGLE	RECTÁNGULO
SPHERE	ESFERA
SQUARE	CUADRADO
STAR	ESTRELLA
TRIANGLE	TRIÁNGULO

Our face is the most expressive part of our body. We can convey a variety of emotions with the 43 muscles we have in our face. Below are some words related to your face and head.

```
A D E G E S B N L Ñ F Ó D N Ñ A
V E V N S C N L I R T T M O J L
E V T O T D S N N L V U R A A H
E H T L H N K T G R S Ñ N B K E
H S S I H B E I P N C H I N F Y
T W Ó A E T K O O E N O S E O E
U O I E A C D K R J S W Ó O R L
O R D O D A E U G N O T R Ó E A
M B L U U E A C A B E Z A Y H S
O E K G H N O A C O B A E Ñ E H
P Y N C H T H R M E J I L L A E
E E T T D V E A S E T N E I D S
L Ñ E E Ó E T E R E F N Ñ C P I
A S E E Ó N K O T S A J E C A S
T R E Ó A T A S R Ñ C Z I R A N
R H N T U B Ó M H C E D I R F G
```

CHEEK	MEJILLA
CHIN	MENTÓN
EAR	OREJA
EYE	OJO
EYEBROWS	CEJAS
EYELASHES	PESTAÑAS
FACE	CARA
FOREHEAD	FRENTE
HAIR	PELO
HEAD	CABEZA
LIPS	LABIOS
MOUTH	BOCA
NOSE	NARIZ
TEETH	DIENTES
TONGUE	LENGUA

The human body is a remarkable thing, with hundreds of specialized parts that we take for granted every day. Here is a list of some important parts of the body to remember.

```
R H T P P I E I P L E D O D E D
O M T H I P E G A E E M R L A N
H P E R C E I A R M O B P O Z T
F E E W L I R E N P T P R M S I
I R O Z T F G N L N I U E T H Ñ
O A W N Ó N A A A N P L L H O I
O I D C I N T U R A H G C O U N
U B P F L O V S E Ó O A W O L P
D R H Ñ R X L R D E Ó R N Ñ D L
T A P B M U H T A R I A W D E O
B Z M I V D S C C S Ó E E G R A
T O O F Q I E Ñ T E W L K Ñ B S
H N E S A Ñ Ñ D N D E O X B L O
D A I W U I L H O Ñ H D B E A N
A M M M I N E Ó N Ñ U G T L D A
Ó S A H Z N A C S H O U L D E R
```

ARM	BRAZO
ELBOW	CODO
FINGER	DEDO
FOOT	PIE
HAND	MANO
HIP	CADERA
LEG	PIERNA
NIPPLE	PEZÓN
SHOULDER	HOMBRO
SHOULDER BLADE	OMOPLATO
THUMB	PULGAR
TOE	DEDO DEL PIE
WAIST	CINTURA
WRIST	MUÑECA

11

Skin is the largest human organ and is approximately 15% of your body weight. Search for these other parts of the body and their translations in the puzzle grid below.

```
O L R K C A B U T T O C K S O E
U I S P L F I N G E R N A I L F
A Ñ Q S L O L L I B O T W K L A
S X H A N R E F T Y N S N O E X
P L C G A E I H D A Z A G V U I
A I H L V A P O G A O I M S C L
N T S A E R B R O I L R K M H A
T E D N L M A N L B H L H N S N
O I C N G G E R M H N T I T E T
R S P K J S C O P R E U C D U E
R Y S M P E K E H L M Ñ H A O B
I O O A R E P I W E Ñ R I M T R
L T L M U A Ñ N N I H B L R J A
L D Ñ S N E A O Q H E N Y T S Z
A Ñ U A U Ñ R W Y W H W A N L O
N Z F R Ñ M A H C R N O R L S K
```

ANKLE	TOBILLO
ARMPIT	AXILA
BACK	ESPALDA
BODY	CUERPO
BREAST	SENO
BUTTOCKS	NALGAS
CALF	PANTORRILLA
FINGERNAIL	UÑA
FOREARM	ANTEBRAZO
KNEE	RODILLA
NAVEL	OMBLIGO
NECK	CUELLO
SKIN	PIEL
THIGH	MUSLO
THROAT	GARGANTA

Our internal organs regulate the body's critical systems, providing us with oxygen and energy, and filtering out toxins. Check out this list of squishy but important body parts.

```
R  E  N  I  T  S  E  T  N  I  L  L  A  M  S  X
Ú  G  Y  D  O  E  A  S  A  N  G  R  E  E  E  I
Í  A  P  O  D  L  N  E  Ó  E  T  W  N  S  N  D
S  T  O  M  A  C  H  N  R  E  E  O  W  P  I  N
P  L  U  N  G  S  T  H  R  C  M  I  D  N  T  E
L  L  Ñ  N  L  U  E  I  V  L  N  D  Í  É  S  P
E  R  C  E  E  M  E  E  U  H  E  A  R  T  E  P
E  I  Y  D  D  S  N  P  C  C  G  S  P  P  T  A
N  Ñ  M  B  S  A  O  E  B  I  E  O  N  P  N  É
I  Ó  P  L  S  I  A  L  E  T  D  R  Á  I  I  L
A  N  Ó  Z  A  R  O  C  U  A  U  N  E  Y  E  G
R  K  I  D  N  E  Y  S  G  C  C  D  É  B  G  V
B  H  G  H  T  T  R  Í  E  R  S  I  O  P  R  M
A  L  I  V  E  R  H  Í  E  U  L  Ú  A  O  A  O
Z  Ó  E  O  Ñ  A  F  A  F  D  R  W  M  Í  L  H
O  Á  E  T  G  E  S  T  Ó  M  A  G  O  H  L  B
```

APPENDIX	APÉNDICE
ARTERIES	ARTERIAS
BLOOD	SANGRE
BRAIN	CEREBRO
HEART	CORAZÓN
KIDNEY	RIÑÓN
LARGE INTESTINE	intestino GRUESO
LIVER	HÍGADO
LUNGS	PULMONES
MUSCLES	MÚSCULOS
PANCREAS	PÁNCREAS
SMALL INTESTINE	intestino DELGADO
SPLEEN	BAZO
STOMACH	ESTÓMAGO
VEINS	VENAS

EARTH

The Earth is an enormous place that time has divided up into continents and oceans. Take some time and memorize these words that define our Earth.

```
D L A T I T U D E F O A É K O C
U E O C É A N O P A C Í F I C O
O R E I I Z D F A I Í F H P I N
E U S O U R D U T I G N O L T T
A S N F U O E C T E S Q E S N I
T L H A O P R M T I O A O E Á N
É E T A E A T R A C T U Z D L E
C D Y N T C O P D H T A E U T N
O A E N H N O Á N H T Q L T A T
N C A A L R F C A L U R A I É E
T I É E U R F M I A A E O G I C
I R D E I F E E T F S E M N F U
N É V C E R E O A L I J X O M A
E M A C I T R Á T N A C A L E D
N A E C O C I T N A L T A M R O
T T A C I R F A Á E U R O P E R
```

AFRICA	ÁFRICA
ANTARCTICA	ANTÁRTICA
ASIA	ASIA
ATLANTIC OCEAN	océano ATLÁNTICO
CONTINENT	CONTINENTE
EQUATOR	ECUADOR
EUROPE	EUROPA
LATITUDE	LATITUD
LONGITUDE	LONGITUD
NORTH AMERICA	américa DEL NORTE
PACIFIC OCEAN	OCÉANO PACÍFICO
SOUTH AMERICA	AMÉRICA DEL SUR

Time to zoom in and take a look at some geographical features that make up our planet. Fly over mountains, forests and glaciers as you reflect on the beauty of nature.

```
C C O S T A A N D U L C C R E O
N O R N Y Á L H R Á R Á S I G T
Í R T Á M J U I R G A J Á A H R
J A C C T T V F K M A Á E S A H
D L B L Í E Q N A I H O L N L I
E R E O R Á R L Ñ R S Í Á A M Ñ
S E A V A X U A H R B E G F R Z
I E E Y M O Í Á T Í M O Y S A E
E F T O A T S E R O F D S T C F
R D G Y R E V E N O T E I Q I I
T E A E I O C T E S B S S P U C
O L I D L S A F A Á O E L A K E
P O Z C U Ñ L O U N C R A T E R
L É A R A I C A L G E T N C L R
L N E A H L C I D A A D D V H A
O C É A N O G M O U N T A I N A
```

BEACH	PLAYA
CITY	CIUDAD
COAST	COSTA
CORAL REEF	ARRECIFE de coral
CRATER	CRÁTER
DESERT	DESIERTO
FOREST	BOSQUE
GLACIER	GLACIAR
ISLAND	ISLA
LAKE	LAGO
MOUNTAIN	MONTAÑA
OCEAN	OCÉANO
RIVER	RÍO
SEA	MAR
VOLCANO	VOLCÁN

Today's weather forecast shows a 100% chance of learning some important weather terms.

```
A C I R T É M O R A B Ó O S T O
B A R O M E T R I C H Ú M E D O
C L O U D Y R O A G O E N A E H
L I L R A É U P I W T E L I V U
C E T U A Ó E X V W O B N I A R
G N Ó P V Y N T E S U J Y I N R
N T M M Ó I O E N N H T G D Á I
I E O H T H A O T É É L Ú H C C
N I E V E H W C O L D V L V A A
T I Ú W U K U O S D A H O L R N
H N E M S H É N O I A D I C U E
G E I B S Y Y W D H Q E O Z H D
I D S E L É C D Í E N I L Í Ó G
L N K V T A T Y N T R S F O R O
P N Q C B N I O E I Y N N U S F
Ú H T Ú T F D G S G W X E U Í O
```

BAROMETRIC pressure	presión BAROMÉTRICA
CLOUDY	NUBLADO
COLD	FRÍO
FOG	NIEBLA
HOT	CALIENTE
HUMID	HÚMEDO
HURRICANE	HURACÁN
LIGHTNING	RAYO
RAIN	LLUVIA
RAINBOW	ARCO IRIS
SNOW	NIEVE
SUNNY	SOLEADO
THUNDER	TRUENO
WARM	CALIENTE
WINDY	VENTOSO

Let's go on a word safari to search for some of Africa's most famous animals. Elephants and lions are hiding somewhere below.

```
O E O N I U B A B A B O O N N R
V F S U M A T O P O P P I H Ó T
H S T S H G C F A C Ó Q U E R O
R H R O É G H E H E Z X H P G I
I L I R E U I I D E Q A O O C E
L R C E O E M L B H T E H L L A
G I H C M P P R E E Y T I E E A
E N O O A A A E E O R E F T O E
N O O N T R N H O A P A N N P N
L C Z I Ó D C D W L N A F A A G
Y E Í H P O É A E T H E R Q R O
E R Ó R O L N X E P A A U D D R
I O T N P E A V E S T R U Z O I
H N O N I A L L I R O G B H D L
E T I H H O E F F A R I G E N A
I E P O L Í T N A F A R I J C I
```

ANTELOPE	ANTÍLOPE
BABOON	BABUINO
CHEETAH	GUEPARDO
CHIMPANZEE	CHIMPANCÉ
ELEPHANT	ELEFANTE
GIRAFFE	JIRAFA
GORILLA	GORILA
HIPPOPOTAMUS	HIPOPÓTAMO
HYENA	HIENA
LEOPARD	LEOPARDO
LION	LEÓN
OSTRICH	AVESTRUZ
RHINOCEROS	RINOCERONTE
WARTHOG	FACÓQUERO
ZEBRA	CEBRA

A recent study estimated that there are approximately 8.7 million different species of life on Earth. Below are just a few examples for you to learn.

```
P S A S G R E Ó S A E T G R G A
O E S H F U P S M L O R E É T L
L E C A N G U R O U H C U P L I
A O J T I B B A R M L D L I I W
R S R A U G A J C A M E L L O O
B A H R G H T T R O M O G L G O
E S L E N U N I L A N E F A A N
A O T O E A A G C D T E I Ü L I
R R E O P D A R A R N Ó J N É Ü
V R E S O O M E R T X R N O I G
L H T G U S S E T G O M T A C N
S A V R I O E O G P F Ó T N R I
I O D R G T M É W E E V R O U P
Ó W G C N A S E U R S H R O M O
S N R N N B E H O R R O Z O Ó T
É Ó I K A N G A R O O B O L H T
```

BAT	MURCIÉLAGO
CAMEL	CAMELLO
CAT	GATO
DOG	PERRO
FOX	ZORRO
JAGUAR	JAGUAR
KANGAROO	CANGURO
MOOSE	ALCE
MOUSE	RATÓN
MULE	MULA
PENGUIN	PINGÜINO
POLAR BEAR	OSO POLAR
RABBIT	CONEJO
TIGER	TIGRE
WOLF	LOBO

Another study estimates that approximatley 150-200 species are going extinct every 24 hours. Find the animals below before they disappear forever.

```
R E Q I Í A O L E H H H A W Ú I
O A V W D L K D A E E E R T N A
N L N O L S N A K E F E C A I R
A H I A P O U T Á L N Í T H H D
O L M R T O K N M I E E M G B I
R A L A D U S T P D F W E E D L
G M L I P O G U A O W L A C M L
E W A A D A C N M C O V B U N A
N E M Ú E R C O A O E L S O Ú L
O E A T O Á A H C R A S O R V I
S E R P I E N T E C O C R Ú S S
O C H I P M U N K P C G O R F T
H H C H T T F B O A R A T A H A
Ú X N T A L E R R I U Q S E N D
B O H O R A N G U T Á N A Z O A
N P U E R C O E S P Í N C E M I
```

BEAVER	CASTOR
BLACK BEAR	OSO NEGRO
CHIPMUNK	ARDILLA LISTADA
CROCODILE	COCODRILO
FROG	RANA
LLAMA	LLAMA
OPOSSUM	OPOSUM
ORANGUTAN	ORANGUTÁN
OWL	BÚHO
PORCUPINE	PUERCO ESPÍN
RACCOON	MAPACHE
RAT	RATA
SKUNK	MOFETA
SNAKE	SERPIENTE
SQUIRREL	ARDILLA

The blue whale is the largest animal on Earth. It's heart is the size of a car and can weigh as much as 50 elephants. Search the depths of the puzzle below for some other fascinating sea creatures.

```
L M D Ó L P M C T O T U R T L E
E S U H U J E L L Y F I S H A S
E N Ó W T A D Í E A G H S H G T
N Ó C S K S U C W L R T S D U R
N I M F H R S B O G A V A N T E
Ó Í O N T O A J Ó R M H L O R L
P S H C R M E H F E A S W Í O L
N E N C T R I I S N L I E B T A
C F A O G O S Z E P A F S C I D
N E O N I H P L O D C T O R B E
I Ó A C W L L U D R E H A A U M
G C I G A A A E S R C T Ó B R A
Ó A I E B T L E A I O A H V Ó R
D H S S Í F S R S D L O H Z N E
B W Í S Í A E P U L P O B M W D
K B N N Y Ó Í M A S Q U I D N T
```

TURTLE	TORTUGA
CRAB	CANGREJO
DOLPHIN	DELFÍN
FISH	PEZ
JELLYFISH	MEDUSA
LOBSTER	BOGAVANTE
OCTOPUS	PULPO
ORCA	ORCA
SEA LION	OTARIA
SEAL	FOCA
SHARK	TIBURÓN
SQUID	CALAMAR
STARFISH	ESTRELLA DE MAR
WALRUS	MORSA
WHALE	BALLENA

Are you married? Do you have any siblings?
Here is a list of terms that will help you to
describe your nearest and dearest

```
I R E H T A F D N A R G S Í S A
J Y W A E F B B A J I R A Y H Y
G S H N Y P M U C I U L N H E L
R E T H G U A D E H A I I E R I
A R E H T O M R H L E J R M M M
N E R D L I H C E C O E B S A A
D H T H W E H P E N H S O N N F
M T E N P Q W R W T T Ñ S Í A L
O O U R U A D S A I I S I G O I
T R N E M A D F B N E E Í L N A
H B C I M A T R U N E O T P U Ñ
E E L N R P N T E E O C Í Í O U
R F E H A B S O L S F I Ñ A R O
T I M D S V O S A T O Ñ C H J K
F T R E T S I S Í Í V B Ñ T A U
Í E Q A C D T G T H M H Ñ U S L
```

AUNT	TÍA
BROTHER	HERMANO
CHILDREN	NIÑOS
DAUGHTER	HIJA
FAMILY	FAMILIA
FATHER	PADRE
GRANDFATHER	ABUELO
GRANDMOTHER	ABUELA
MOTHER	MADRE
NEPHEW	SOBRINO
NIECE	SOBRINA
PARENTS	PADRES
SISTER	HERMANA
SON	HIJO
UNCLE	TÍO

Here are some more family members that you might be particularly fond of (or perhaps not)

```
B R O T H E R I N L A W H E E L
S E W A L N I R E T H G U A D P
Y O B A O O O T E I N R L R D G
R O L É L E E S P O S A I G E R
H U S B A N D A D A Ñ U C E L A
T T E N M C I A A N R I R U F N
C W D N S O Ñ R N Ñ A M N S A D
A D T F D U T N E G A R A A T D
A N P I C S E H C T A Ñ G E H A
R E R G T I R G E H S R H B E U
C A I J O N T I R R O I E W R G
M R M O O O N B X O I G S U I H
L I O S E I W A L N I N O S N T
D U D D T M I B W R I T L S L E
L É L O B R F Y T E T Ñ U A A R
R E T T Y D E A E Y E E A L W L
```

BROTHER-IN-LAW	CUÑADO
BABY	BEBÉ
BOY	NIÑO
COUSIN	PRIMO
DAUGHTER-IN-LAW	NUERA
FATHER-IN-LAW	SUEGRO
GIRL	NIÑA
GRANDDAUGHTER	NIETA
GRANDSON	NIETO
HUSBAND	MARIDO
MOTHER-IN-LAW	SUEGRA
SISTER-IN-LAW	CUÑADA
SON-IN-LAW	YERNO
WIFE	ESPOSA

Actions speak louder than words. Here is a list of common verbs that you might encounter in your travels.

```
A B G N I S O T T U G B D H A
E H K L X T M T O C A R R Y C M
G T Y S T T A C S T A F T O I N
N T A A A V O E L T H M C N N O
A T P E W O G H E O Í I B I O J
H O O Í K U T U E W N I N I E T
C T T S I T T D P A J H E K A O
O S R R E E L O R I R R E E R R
T O B E A E C A N T A R E C A E
E J D C N G H E N H O L E V S A
S E O O S E A O C G D Í E T N D
P T S M T A E P Í V H L E F E I
E E A E O T N R J R L D C I P I
R I M R O D Í P R I E H H L E H
A W O L L O F O T A H E N O D T
R A T N U G E R P C E Z H O I U
```

TO ASK	PREGUNTAR
TO BE	SER
TO CARRY	LLEVAR
TO CHANGE	CAMBIAR
TO COOK	COCINAR
TO EAT	COMER
TO FOLLOW	SEGUIR
TO HEAR	OÍR
TO PAY	PAGAR
TO READ	LEER
TO SEE	VER
TO SING	CANTAR
TO SLEEP	DORMIR
TO THINK	PENSAR
TO WAIT	ESPERAR

There are thousands of verbs in use today.
Here are some more popular verbs to practice.
Find the translations below.

```
H T G T E T O L O O K F O R U A
O O N T D N A T S R E D N U O T
P L E H O T O D R I N K T I A R
T O M U O C P A E T C R W R J A
S V T F L W J D E T O H A V E B
L E I O E A A T I N N S M M E A
A N S R I E M O C O T C P B A J
D E O V S T T W F O R E E E Z A
S N D I R A M O T N A R N H A R
H T O T A K E R E I R R H D A K
Q A T O A Z A K E A C A M D E V
I P C S A V R A C D B R U T I R
A N W E E O R S T L N Y R A E I
E N O L R O U P A M A E L N B N
N A A L P B H R E N E T V N E E
T M N M G A U T H H C I E M A V
```

TO CLOSE	CERRAR
TO COME	VENIR
TO DO	HACER
TO DRINK	BEBER
TO FIND	ENCONTRAR
TO HAVE	TENER
TO HELP	AYUDAR
TO LOOK FOR	BUSCAR
TO LOVE	AMAR
TO SELL	VENDER
TO SPEAK	HABLAR
TO TAKE	TOMAR
TO TRAVEL	VIAJAR
TO UNDERSTAND	ENTENDER
TO WORK	TRABAJAR

Languages typically have a mix of regular and irregular verbs. A regular verb has a predictable conjugation. An irregular verb has a conjugation that does not follow the typical pattern. In English, many of the most common verbs are irregular.

```
O E T E U C O O E O B S R C I R
T A K O H A O G G T S A L I R L
T O P L A Y O A T O D H I C E A
I T T H A U D A N T T T R L B A
M E O D M W T E A E O E O R A P
M L L D C E O B T E B L I R S R
N B E E A H R T N E U R E T U E
S A A T M N E M D R Y L O A E N
E E R O I A C Q Q Q C E O E V D
R B N G N R U E I T O W A N T E
E O O I A E W T O O M A S T P R
S T T V R O O O L B P N G O N E
L M N E N O W T T S R T D I E R
V A R K P E E F I I A E O S O R
T R O E S C R I B I R A G U J O
U T N T N R M H E L A R D E T C
```

TO BE ABLE TO	PODER
TO BUY	COMPRAR
TO DANCE	BAILAR
TO GIVE	DAR
TO GO	IR
TO KNOW	SABER
TO LEARN	APRENDER
TO LEAVE	SALIR
TO OPEN	ABRIR
TO OWE	DEBER
TO PLAY	JUGAR
TO RUN	CORRER
TO WALK	CAMINAR
TO WANT	QUERER
TO WRITE	ESCRIBIR

One of the greatures pleasures of travelling to another country is sampling the local cuisine. Study the word list below so you can order with confidence.

```
S A Z I L A T R O H H G T F E A
M L A O R D S A T U R F N F I H
L L R E T A W S E L E P M O L S
B I L Ú M L C V H R H E S E D V
Q U E S O A O Ú I Y I U H M A R
I Q T D D S N O Z D G C W G I T
E E H T A N O I O A E N E C H N
T T X F E E E E R L D G V T N Ú
A N A F R R I N R A G U A J O L
L A Ú L B U A Z A S H D H E Y A
O M W O O Ú I T H P T H Y E E O
C I P U Ú C A T S A P Ú Y L N N
O L A R W T O Y R A A A H T Ú D
H K E C S Z N H T I P T E L T I
C H E E S E T R C A R N E Q D R
R T B V E G E T A B L E S O V E
```

BREAD	PAN
BUTTER	MANTEQUILLA
CHEESE	QUESO
CHOCOLATE	CHOCOLATE
EGGS	HUEVOS
FLOUR	HARINA
FRUIT	FRUTAS
MEAT	CARNE
MILK	LECHE
PASTA	PASTA
RICE	ARROZ
SALAD	ENSALADA
SUGAR	AZÚCAR
VEGETABLES	HORTALIZAS
WATER	AGUA

Want more? You have quite an appetite (for learning). Feast on this delicious buffet of mouth watering words.

```
B U L E R N E R T T F D H N A D
S H A O R E H L D E W P E F H H
G O A G Z O H R N R N E Y N C R
V G L S B W S P P P N S S H E T
R A D D E O A A E O E M H W W V
D A C Y N S F B L M I E O T O T
E I Z U T C T N A T B L E R H F
W I N E N N Y R M L L E I M W U
P R L L V O I N B O T A E D T T
I C C E G R O E P I S K S R E T
M S O U C D E K E E R O S A H D
I I R O A F N C P O D O R O T T
E T D L K X A I P R U G O Y P N
N D E T E I H H E P A F O N L A
T H R O I C E C R E A M H O I B
A H O N E Y E S A T E L L A G V
```

BEEF	VACUNO
BEER	CERVEZA
CAKE	PASTEL
CHICKEN	POLLO
COOKIES	GALLETAS
HONEY	MIEL
ICE CREAM	HELADO
LAMB	CORDERO
OIL	ACEITE
PEPPER	PIMIENTA
PORK	CERDO
SALT	SAL
SOUP	SOPA
WINE	VINO
YOGURT	YOGUR

A fruit is the part of a plant that surrounds the seeds, whereas a vegetable is a plant that has some other edible part. Tomatoes, cucumbers and peppers are three examples of fruit that are often classified as vegetables.

```
N P Á Ó E Í P T D V S M N B R Á
A O N E N S E I R R E B E U L B
J M L O C E A U N Ó L E M L S Í
N E Ó E M A R R S E P A R G T A
A G L A M E N F P E A C H O R W
R R E Í M G L E M Í S P C E A Í
A A Á D Í G W P J T E I P L W Q
N N T N Í P E A O N R G B L B N
S A Q A D L N R T P E A N L E F
O T M S I A O G A E R R F A R S
Z E A M J N N L R I R R E E R Ñ
N V Ó S J T E O C A Á M S B I O
U N H A R U I O S Á N A E R E Í
D Á A G R A Q S L T S A L L S V
C R H I M U L P I Ñ A D D R O S
U Á C M E L O C O T Ó N C A T N
```

APRICOT	ALBARICOQUE
BLUEBERRIES	ARÁNDANOS
EGGPLANT	BERENJENA
GRAPEFRUIT	TORONJA
GRAPES	UVAS
LEMON	LIMÓN
MELON	MELÓN
ORANGE	NARANJA
PEACH	MELOCOTÓN
PEAR	PERA
PINEAPPLE	PIÑA
PLUM	CIRUELA
POMEGRANATE	GRANADA
STRAWBERRIES	FRESAS
WATERMELON	SANDÍA

There are more than 7000 different varieties
of apples being grown around the world today.
Check out our produce section below for some
more fresh and tasty fruit.

```
C  S  I  U  A  T  Ó  A  H  M  F  L  O  E  D  I
Y  D  D  T  O  M  A  T  E  S  R  D  Y  H  O  D
Z  U  C  C  H  I  N  I  I  A  A  N  F  I  G  U
S  L  A  A  R  B  M  S  S  A  M  U  E  M  I  L
C  C  R  S  L  S  A  P  A  A  B  P  Q  T  H  C
H  E  A  E  O  A  B  N  N  Z  U  N  G  S  R  E
E  V  Í  I  P  E  B  Z  A  O  E  X  R  S  U  A
R  E  T  R  R  P  A  A  L  N  S  R  E  N  N  M
R  R  Í  R  O  N  E  A  Z  S  A  R  E  A  Ó  A
I  D  I  E  A  T  T  P  Í  A  S  T  N  C  K  R
E  E  Ó  B  T  N  A  H  W  R  I  A  P  E  U  I
S  Ó  O  K  A  I  H  M  O  O  B  M  E  O  H  L
D  U  L  C  E  R  O  J  O  M  L  I  P  D  Q  L
N  Í  C  A  B  A  L  A  C  T  E  L  P  P  A  O
O  P  U  L  A  T  N  A  C  N  Ó  L  E  M  T  D
X  R  T  B  R  E  D  P  E  P  P  E  R  Y  S  G
```

APPLE	MANZANA
BANANA	BANANA
BLACKBERRIES	MORAS
CANTALOUPE	MELÓN CANTALUPO
CHERRIES	CEREZAS
FIG	HIGO
GREEN PEPPER	pimiento DULCE VERDE
LIME	LIMA
RASPBERRIES	FRAMBUESAS
RED PEPPER	pimiento DULCE ROJO
SQUASH	CALABAZA
TOMATO	TOMATE
YELLOW PEPPER	pimiento DULCE AMARILLO
ZUCCHINI	CALABACÍN

A 2013 study estimated that up to 87% of people in the United States do no consume their daily recommended portion of vegetables. Here is a list of vegetables that you should probably be eating more of.

```
R O C B E R E W O L F I L U A C
T C N A R Á Á Z Á N S O E H E F
H E A I R O H A N A Z R T C E I
E K D B O R C G L R C C T A E S
D O E O B N O C F C N A U N É E
R H T S B A A T O O I G C I J E
Á C E E P C G T H L U L E P G A
K I E I H I O E R I I G R S D R
J T O O T N E S P Á R R A G O
S R F N É D M A A Y C T Z E G L
F A B T E O N T C E R I E P T F
N K R Y L T A A B A R E S N E I
N U É A E T F O E L A K L E C L
O Á C S A Y L P O T A T O E S O
J H O S O L E C H U G A C R C C
A F L Y A Z J A S P A R A G U S
```

ARTICHOKE — ALCACHOFA
ASPARAGUS — ESPÁRRAGO
BEETS — REMOLACHA
BROCCOLI — BRÉCOL
CABBAGE — COL
CARROT — ZANAHORIA
CAULIFLOWER — COLIFLOR
CELERY — APIO
GARLIC — AJO
GREEN PEAS — GUISANTES
KALE — COL RIZADA
LETTUCE — LECHUGA
ONION — CEBOLLA
POTATOES — PATATAS
SPINACH — ESPINACA

HOUSE

There's no place like home. Below is a list
of words that are related to house and home.

```
U E O D S R A T S E E D A L A S
T L D D I N I N G R O O M A L É
W I N D O W A E Ó A I W L C G A
H M M O O R D E B A S E M E N T
R E D D R L M A B E D É É I N M
S G N E H C T I K S M R C E O H
L A U T P H T A T U É O M O T N
I R N S R S N E T O C T R N N F
L A R O F A É V J H R G R A E É
Y G O E T C D C L A N I O T M E
M M D N G W T A P I D E O Ó A É
M B E É A A W A V A N O F S T S
E V M C R N I I Y A W E V I R D
F Ó O D A L L A V E N S V M A T
N S C G J M M D B C N A U E P T
N Ó F S E I A D E O I C A S A O
```

APARTMENT	APARTAMENTO
BASEMENT	SEMISÓTANO
BATHROOM	ASEO
BED	CAMA
BEDROOM	DORMITORIO
DINING ROOM	COMEDOR
DRIVEWAY	ENTRADA del garaje
FENCE	VALLADO
GARAGE	GARAJE
HOUSE	CASA
KITCHEN	COCINA
LAWN	CÉSPED
LIVING ROOM	SALA DE ESTAR
ROOF	TEJADO
WINDOW	VENTANA

It is estimated that one tenth of all furniture purchased in Britain comes from IKEA. Perhaps you have assembled a few of these items yourself.

```
O Ó O C L K D M N E R L N N T O
M E S A R E L A C S E T M A U E
L C O R T I N A R U Y E U R S A
N Y A P Ó A L R R O R T U A H P
O E A E O P E R A E D T C Ñ H O
R T S T E S N F R N Ñ A A A Ñ R
O E P R S T C E A I I A V I E E
D J I E E Ó J L P U A C B A N D
O F R L M L F M M M C U S R L A
N D A O E O B S Á T T E E I Y R
I M D L M D R A L H E Á T R P O
P A O B E I N Z T A T L L S E D
Y U R N A N H A E N E M I H C A
I A A T Q Y B T H G R I F O G C
W A S H I N G M A C H I N E T E
R D Á Ó L O O P G N I M M I W S
```

BATHTUB	BAÑERA
CARPET	ALFOMBRA
CHANDELIER	ARAÑA
CURTAIN	CORTINA
DRESSER	CÓMODA
DRYER	SECADORA DE ROPA
FAUCET	GRIFO
FIREPLACE	CHIMENEA
LAMP	LÁMPARA
SWIMMING POOL	PISCINA
STAIRS	ESCALERAS
TABLE	MESA
TOILET	INODORO
VACUUM	ASPIRADORA
WASHING MACHINE	LAVADORA

Here is a list of some more common household
items and modern conveniences. Search the
grid for the words listed below

```
T E I W D C N Ó E L R E S O Ó Ó
E R Ó M U U O L L I S A P D I Í
S E E N O M C M A C E Y I Y E H
O F A L L I S H R A A S T B V Í
L R L Y G R C I A W H C P E O L
C I S E U R T L L W T G N E V O
E G R N A O S L A B O T P Q J N
I E E M R R A S Ó V I L R C Ó O
L R W I D H H D M L A R L H U S
I A O H A E O O A A Ó B C I E I
N T H C R E Y D R H T L O M P N
G O S K R H O G E N O T D E S K
F R I G O R I F Í C O M R N T N
A H E F P A N I M E D L L E E R
N V N L A V A V A J I L L A S X
H A Ó L E J Ó E T R Ó D T Í M S
```

CHAIR	SILLA
CEILING FAN	VENTILADOR de techo
CHIMNEY	CHIMENEA
CLOSET	GUARDARROPA
CRIB	CUNA
DESK	ESCRITORIO
DISHWASHER	LAVAVAJILLAS
HALLWAY	PASILLO
MATTRESS	COLCHÓN
MIRROR	ESPEJO
OVEN	HORNO
PILLOW	ALMOHADA
REFRIGERATOR	FRIGORIFÍCO
SHOWER	DUCHA
SINK	LAVABO

Table setting etiquette dictates that the forks be placed on the left hand side of the plate and knives on the right. Here are some items that you might find on your table, probably in the wrong location.

```
É U E D M A N T E L H I T O N E
C H P A S S L A U S A T T N R N
F S E R R A A L P T I A L I E M
D A P L S R G L E K R W Y V H W
L E P A S S A L G A I I N E C I
F I E T I T L J H M D N I D T R
A N R S O I L C D L U E D A I O
V O O I V A U Z Z P F G B P P T
O O D R E C U C H I L L O O I H
T P E C S A L H N E E A Q C M K
O S N E Z P T K G C L S T N I R
H E E A K R O F L W N S O E E A
C L T E A S P O O N S G A U N É
K B E A R D T B N R U L E C T I
O A C U C H A R A D E M E S A O
É T E D A R A H C U C C L D E E
```

BOWL	CUENCO
FORK	TENEDOR
GLASS	CRISTAL
KNIFE	CUCHILLO
MUG	TAZA
NAPKIN	SERVILLETA
PEPPER	PIMIENTA
PITCHER	JARRA
PLATE	PLATO
SALT	SAL
SPOON	CUCHARA
TABLECLOTH	MANTEL
TABLESPOON	CUCHARA DE MESA
TEASPOON	CUCHARA DE TÉ
WINE GLASS	COPA DE VINO

Time to get out the tool box and do some repairs on our vocabulary. Try to hammer a few of these words and their translations into you brain.

```
R A D O P E D S A R E J I T T
R C C S I E R R A L E V E L C E
O I R R A E E O N D R M O C R I
D N F A E D N L C E U B M W Á L
A T D S D U U L V L S É O A A P
L A O A T I T I Y W A É S S H S
L M L P S Á R N A D E V T H H E
I É L S W D D R F L M R O E D C
N T I R W A R O B D E I C R H É
R R N E C B I T O C P D O S C T
O I R I O L L I T R A M N O N C
T C O L T A L I C A T E S A E É
S A T P C Á L L C T A L A D R O
E G I N P L E V I N L É L S W A
D C D I N N T M D A E V A L L T
Y J Z S E K T E A E N P I D O C
```

BOLT	TORNILLO
DRILL	TALADRO
HAMMER	MARTILLO
LADDER	TIJERAS DE PODAR
LEVEL	NIVEL
NAIL	CLAVO
NUT	TUERCA
PENCIL	LÁPIZ
PLIERS	ALICATES
SAW	SIERRA
SCREW	TORNILLO
SCREWDRIVER	DESTORNILLADOR
TAPE MEASURE	CINTA MÉTRICA
WASHER	ARANDELA
WRENCH	LLAVE

Globally there are 1.2 billion pairs of jeans sold annually. That is a lot of denim! Take a look at this list of other common articles of clothing.

```
D V S E N I T E C L A C W F T S
J T S E E S P A J A M A S C Z E
E S K C O S L C H A L E C O O L
P P E A A Z M S S I T O E G N B
A A S V A N H Ó I N A A I Ó R A
N N H D O O O O A T G R R G O T
T T O A R L R U T C B U N S B H
A S E T M E G O N A T B T T L R
L Z S A R N H A D N A F U B A O
O W Ó B W E E D I F E O C O M B
N S M R O E T C H R S D A V A E
E O S O Y E X A K S E I I E J D
S T S C B D T T E T A T O O I É
I R L Ó A L H R A W I S É T P H
E O E E É R D T B C S E F U P A
L C T D B N F E O H I V V E S T
```

BATHROBE	ALBORNOZ
BELT	CINTURÓN
COAT	ABRIGO
DRESS	VESTIDO
GLOVES	GUANTES
HAT	SOMBRERO
NECKTIE	CORBATA
PAJAMAS	PIJAMA
PANTS	PANTALONES
SCARF	BUFANDA
SHOES	CALZADOS
SHORTS	pantalones CORTOS
SOCKS	CALCETINES
SWEATER	SUÉTER
VEST	CHALECO

More than 2 billion t-shirts are sold each year! How many of these other items can be found in your closet?

```
T R O I R E T N I A P O R E F O
O E I S E M C T Ñ S U Ñ S E A T
W L L I F W N A E O P A H U S E
T O B E J A R T L A O B O R I F
T J S R C T N I J K A E E R M T
T D K T A A C A S D C D A N A H
G E I Ñ R Z R N T T N E N P C G
S P R I N I A B B E W J N A O L
L U T P T E H L P R E A A B G R
A L I A J M A S E F A R T E N O
D S U N T E U D L T B T D C I W
N E S S K S N S N O E E K A H F
A R M A S U J E T A D O R D T I
S A I L A D N A S O R A L L O C
B O W T I E S Ñ S T O N K A L T
K A S O R E U Q A V M B T F C A
```

WRIST WATCH	RELOJ DE PULSERA
BOOTS	BOTAS
BOW TIE	PAJARITA
BRA	SUJETADOR
BRACELET	BRAZALETE
CLOTHING	ROPA
JEANS	VAQUEROS
NECKLACE	COLLAR
SANDALS	SANDALIAS
SHIRT	CAMISA
SKIRT	FALDA
SUIT	TRAJE
SUSPENDERS	TIRANTES
SWIM SUIT	TRAJE DE BAÑO
UNDERWEAR	ROPA INTERIOR

The majority of people take less than half an hour to get ready in the morning. Some can be ready in less than 5 minutes, whereas some take over an hour. Here is a list of things that might be a part of your morning routine.

```
G A F E I T A R A Z O R M H C N
W A R E Y R D R I A H S U C U D
E A L C H A M P Ú S J E O E C Ó
I O E J A L L I U Q A M I A E C
J T I E M U F R E P B U R P P O
D A O Í S D B P N C S F O I I N
E E B O N H E K O T L R T N L T
O M S Ó T I A N C A B E U T L A
D O W O N H T M T I M P L A O C
O U O E D A P N P A T D O L R T
R T N E C O E A K O L S C A C L
A H H T U D R E S A O F P B E E
N W O K O X U A Í T S D L I S N
T A R L T P G W N I E H A O L S
A S I O C I R F Í T N E D S S E
I H S E C A D O R D E M A N O S
```

COMB	PEINE
CONTACT LENSES	lentes de CONTACTO
DENTAL FLOSS	HILO DENTAL
DEODORANT	DESODORANTE
HAIR DRYER	SECADOR DE MANO
LIPSTICK	PINTALABIOS
MAKEUP	MAQUILLAJE
MOUTHWASH	COLUTORIO
PERFUME	PERFUME
RAZOR	maquinilla de AFEITAR
SHAMPOO	CHAMPÚ
SOAP	JABÓN
TOOTHBRUSH	CEPILLO de dientes
TOOTHPASTE	DENTÍFRICO

Places to go and people to see. Here are some places that you might visit around town.

```
F E O D A C R E M R E P U S H L
I G H F K P U E N T E E T A L O
R R O E I H R A H F R A M A O O
E A S E N C Ó A A O D O E Ó P H
S N P E G D I R B I S R P N N C
T J I O Ó S O N U E O P E R O S
A A T T S E O M A P C D I L I H
T L A M S T H I U T E M E T T A
I M L U A H O E D P R G B R A B
O A M E Y T R F A A I F O E T L
N C A S R T Ó R F O T A M I S A
A E S U O H T H G I L S B R N Y
Ó N A M Y M O F F I C E E W I T
L E S O E R R O C E D E R K A T
P S M N E R T E D Ó S L O H R E
S N T E K R A M R E P U S H T E
```

AIRPORT	AEROPUERTO
BAR	BAR
BRIDGE	PUENTE
DEPARTMENT store	grandes ALMACENES
FARM	GRANJA
FIRE STATION	parque de BOMBEROS
HOSPITAL	HOSPITAL
LIGHTHOUSE	FARO
MUSEUM	MUSEO
OFFICE	OFICINA
POST OFFICE	oficina DE CORREOS
SCHOOL	COLEGIO
STADIUM	ESTADIO
SUPERMARKET	SUPERMERCADO
TRAIN STATION	estación DE TREN

The weekend is finally here. Where to you feel like going tonight? Here are some more places you can visit.

```
A S E R O H K R A P G R T E T N
L P N R A T E U Q R A P Y O O A
U N H R E T R C E M E T A R Y S
E N B A A S B E P U I N T E E T
R O P E R A H O U S E A E F E O
R I H A N M U A R P E R N A F R
A T L K C A A E J T B U Í R C E
Í A O I W E V C A A N A T M E S
R T P F B I T C Y D E T O A M T
E S E S N R E O A D N S L C E A
T E R U N D A D I S R E V I N U
E C A S T L E R E L T R I A T R
F I S E I P O M Y O B I N T E A
A L E T O H M L H S A I L W R N
C O M I S A R Í A Í C E B L I T
Í P O H S E E F F O C N A B O E
```

BANK	BANCO
CASTLE	CASTILLO
CEMETARY	CEMENTERIO
COFFEE SHOP	CAFETERÍA
HARBOR	PUERTO
HOTEL	HOTEL
LIBRARY	BIBLIOTECA
OPERA HOUSE	OPERA
PARK	PARQUE
PHARMACY	FARMACIA
POLICE STATION	COMISARÍA de policía
RESTAURANT	RESTAURANTE
STORE	TIENDA
THEATER	TEATRO
UNIVERSITY	UNIVERSIDAD

Road trip time! Hop in your car, turn up the music and hit the open road. Make sure you study this list of road worthy translations before heading out.

```
V M A S H L I V Ó M O T U A C S
L I Ú A D A R A P D R Z R I A Ú
A A O A N I L O S A G E F S M B
N P P N B O S N F T T F V E I O
E O L A E Á D F T E A A E M Ó T
L T Z E R W I I R R U M O Á N U
C S O V G C A R T T U T K F R A
Y S Ú L L A A Y O N O C E O N R
C U T I G C S M S C E T K R E E
R B G R I N O S I T N S O O N N
O H U F Á B I C T E R Y O Y I I
T I I S I F L K D A N E E L L L
O O O L T E I I R N T T E I O O
M E E S T E C C Á A A I O T S S
R K B A A C D A O R P Ú O T A A
L I R R A C C I D E N T H N G G
```

AUTOMOBILE	AUTOMÓVIL
ACCIDENT	ACCIDENTE
BUS	AUTOBÚS
BUS STOP	PARADA de autobús
GAS STATION	GASOLINERA
GASOLINE	GASOLINA
LANE	CARRIL
MOTORCYCLE	MOTOCICLETA
ONE-WAY STREET	calle de un SOLO SENTIDO
PARKING LOT	APARCAMIENTO
ROAD	CARRETERA
TRAFFIC LIGHT	SEMÁFORO
TRAFFIC	TRÁFICO
TRUCK	CAMIÓN

There are many interesting ways of getting
from A to B. Which mode of transportation
will you choose?

```
A Í C I L O P E D E H C O C A R
S Ó Ó Y R R E F T O Ú Z S I U O
H O E E T J E L V A A S C Y T D
P C W C A N O E C I B N H E O A
N R A P I H R Ú R Y A M O D B Z
Ó A S A O C E P U L C R O Ú Ú I
I B R U R L L L U Í T I L C S L
V T O A B A I B I E W S B S E S
A Ó F M N M M C M C S L U P S E
O T L E B A A B E F O Ú S U C D
N R F I R E T R U C K P B H O O
A E R T B R R N I L A W T I L R
C N F Y O E Y O E N A R E E A E
O N I R A M B U S Y E N G E R A
T K N A T F A T E L C I C I B A
I M H E L I C Ó P T E R O E T I
```

AIRPLANE	AVIÓN
AMBULANCE	AMBULANCIA
BICYCLE	BICICLETA
BOAT	BARCO
CANOE	CANOA
FERRY	FERRY
FIRE TRUCK	camión de BOMBEROS
HELICOPTER	HELICÓPTERO
HOVERCRAFT	AERODESLIZADOR
POLICE CAR	COCHE DE POLICÍA
SCHOOL BUS	AUTOBÚS ESCOLAR
SUBMARINE	SUBMARINO
SUBWAY	METRO
TANK	carro de COMBATE
TRAIN	TREN

Here are some popular languages from around the world. Maybe you already know one or two of them.

```
D N K O D C I Á E F J Á S H R I
A T E N M T R B R A T N C U D F
P R K Á Ñ A P G P L I N G L É S
N U O M B O E O N A E R O C W E
U S R E N R N M L R G G R E E K
S S E L M É G A F I T R R U S O
N I A A S M L N I Á S B I É E C
T A N T Ñ V I D N L E H U E U A
M N J E I C S A I H A G Á D G L
Í A I A Á M H R S D U T H I U O
U I N G P É A I Á T É T I S T P
A L A D É A N N R S É C N A R F
Í A O Í A A N O T E S P A Ñ O L
S T Á É P R P E H E B R E O P M
Í I E S L T Í S S C I B A R A M
L F E S E M A N T E I V E T C P
```

ARABIC	ÁRABE
ENGLISH	INGLÉS
FRENCH	FRANCÉS
GERMAN	ALEMÁN
GREEK	GRIEGO
ITALIAN	ITALIANO
JAPANESE	JAPONÉS
KOREAN	COREANO
MANDARIN	MANDARÍN
POLISH	POLACO
PORTUGUESE	PORTUGUÉS
RUSSIAN	RUSO
SPANISH	ESPAÑOL
HEBREW	HEBREO
VIETNAMESE	VIETNAMITA

Statistics suggest that the average person may change careers 5-7 times in their lives.
Thinking about a change? Why not try one of these great professions?

```
B T B R E C I F F O E C I L O P
Í O Y Í N F A D A E A A A D A O
R D M S N X I R I R H W P P T E
E A T B T A E R P X Y C Í D S P
E G C O E M I I E E A Í I Í I S
N O H T R R N C R F N S E E C Y
I B E E O T O A I E I T U L I C
G A F A E R Í R N R E G E D R H
N N A R Q U I T E C T O H R T I
E O O C I O D A O I I C L T C A
S R S H T O L I P C N G E P E T
R B O I C O H U B V S E I L L R
U R O T C O D Q D E S L G T E I
N N O E C G E I E E O V I N S S
T R V C D A T S I T N E D U I T
D E N T I S T P O L I C Í A D Í
```

ACTOR	ACTOR
ARCHITECT	ARQUITECTO
CARPENTER	CARPINTERO
CHEF	CHEF
DENTIST	DENTISTA
DOCTOR	DOCTOR
ELECTRICIAN	ELECTRICISTA
ENGINEER	INGENIERO
FIRE FIGHTER	BOMBERO
LAWYER	ABOGADO
NURSE	ENFERMERA
PILOT	PILOTO
POLICE OFFICER	oficial de POLICÍA
PSYCHIATRIST	PSIQUIATRA

What did you want to be when you were growing up? Was it one of these professions?

```
D N E M T P A R A M É D I C O Í
N A F E S A L V E R R O Ú S R C
Ú I O C I R T U O H A O A R E S
Í C N Á R A D S M Á C S L O B É
A I T N O M S B I B T T L I R D
K T A I L E R T A R E R U P A A
C I N C F D S E E I O R O B B T
I L E O H I N M C S L L B L S L
E O R Ú T C E A E N Í A F P C E
N P O R D C R F I T A O R É I T
T Z A É H N O B I C S D A Í E A
Í C G A I R A C O C I S Ú M N Á
F S N C P R O A R T I S T A T C
I I E L B A T N O C T E U I I R
C R H E Í A T H L E T E R M S R
O N R E T A C C O U N T A N T R
```

ACCOUNTANT	CONTABLE
ARTIST	ARTISTA
ATHLETE	ATLETA
BARBER	BARBERO
BUTCHER	CARNICERO
DANCER	BAILARÍN
FLORIST	FLORISTA
MECHANIC	MECÁNICO
MUSICIAN	MÚSICO
PARAMEDIC	PARAMÉDICO
PLUMBER	FONTANERO
POLITICIAN	POLÍTICO
PROFESSOR	PROFESOR
SCIENTIST	CIENTÍFICO
TAILOR	SASTRE

There are thousands of unique and challenging careers out there to choose from. See if you can locate the following careers in the grid below.

```
C S H O O C I T U É C A M R A F
A F T A X I D R I V E R Q D M A
R F I S H E R M A N O E I E H R
T D L M E D E A U T O B Ú S I M
E O I T S I L A N R U O J L S E
R X P H A R M A C I S T O S P R
O I B E P E O Y K Ú R R D E N T
D O R U E N L T I U E E R A R É
A R H M S E R Y A J N I T A U J
D E D R C D H E N L O H D E O E
L N E T A R R A I D S U H Y V W
O I T A D A R I I D C N E E W E
S D A O O G O S V T L R A N H L
T R X S R O T M O E O O F R R E
M A I L C A R R I E R I S E T R
O J Ú V E T E R I N A R I A N O
```

BUS DRIVER	conductor DE AUTOBÚS
FARMER	GRANJERO
FISHERMAN	PESCADOR
GARDENER	JARDINERO
JEWELER	JOYERO
JOURNALIST	PERIODISTA
MAIL CARRIER	CARTERO
PHARMACIST	FARMACÉUTICO
SOLDIER	SOLDADO
TAXI DRIVER	conductor DE TAXI
TRANSLATOR	TRADUCTOR
VETERINARIAN	VETERINARIO

In 2015, the New Horizons spacecraft successfully completed the first flyby of dwarf planet Pluto. There is still so much to see and explore in our own solar system. Here are some key words from our celestial backyard.

```
E S D R A L O S A M E T S I S C
R O L H O C I E D I O R E T S A
Q L S N Ó R R S O L M E A Ó N S
Ó A A H E A U Ó U O A O R Ó O C
J R E E A T C U O N R U T A S I
U S J N N E R A O U E U H M U L
A Y R U C R E M L T L V N A N T
S S I T P N M U O P U S E R A R
F T T P N I N A I E U L R T R O
Ú E Ú E S A T U R N O N P E U X
R M F N R A C E E R U H T P L D
Á N O I N O T V R S E Á V Á H A
S T A L M I I E E O R I O A O G
C R Q E P I G D M C W A T N I G
T E T Ú W Ú T S M O O N M B T Á
F I J C O R D E T Y C E D E E T
```

SOLAR SYSTEM	SISTEMA SOLAR
MERCURY	MERCURIO
VENUS	VENUS
EARTH	TIERRA
MOON	LUNA
MARS	MARTE
JUPITER	JÚPITER
SATURN	SATURNO
URANUS	URANO
NEPTUNE	NEPTUNO
PLUTO	PLUTÓN
SUN	SOL
CRATER	CRÁTER
ASTEROID	ASTEROIDE
COMET	COMETA

Here are some musical instruments to get your foot tapping and your hands clapping.

```
O O L E I A T A E H H S T H R T
S Y N S A C C O R D I O N B H A
T O A A A R P U R T Í Ó C I V B
H L O I I X Í R X E T F S I A U
A E N O H P O X A S W M O G G T
R C N A P R A F T H U L P U I A
M N F O N E H N Ó R I I I I Í M
O O Ó I B Ó A L D N P T S G S B
N L E E G M B A O E A A F E S O
I O T U D A O M S R R T L B B U
C I L Z T R I R O T R E U T P R
A V C E L L O T T R A P T B I I
A A R M Ó N I C A O T M E A A N
B Í A F L A U T A V I O L Í N E
A O I D I O T E P M U R T C O E
Í Ó O R G I G T Í I G T O R S Í
```

ACCORDION	ACORDEÓN
BAGPIPES	GAITA
CELLO	VIOLONCELO
DRUMS	BATERÍA
FLUTE	FLAUTA
GUITAR	GUITARRA
HARMONICA	ARMÓNICA
HARP	ARPA
PIANO	PIANO
SAXOPHONE	SAXOFÓN
TAMBOURINE	PANDERETA
TROMBONE	TROMBÓN
TRUMPET	TROMPETA
TUBA	TUBA
VIOLIN	VIOLÍN

This puzzle might make you happy, angry, or maybe even a little confused. See if you can complete this very emotional puzzle by finding all of the words in the grid.

```
E  T  A  V  E  R  G  O  N  Z  A  D  O  C  O  O
E  Ó  O  D  I  D  N  E  R  P  R  O  S  W  Í  E
E  Y  D  E  O  R  U  G  E  S  Q  T  O  O  U  N
H  R  N  Ó  I  C  O  M  E  C  U  R  D  D  L  A
E  G  W  C  F  O  O  S  O  C  R  I  E  I  E  E
M  N  P  L  O  T  A  N  O  I  A  S  R  M  N  M
O  A  C  R  I  N  T  N  E  L  I  T  A  Í  F  B
C  B  E  O  O  E  F  D  Ó  R  L  E  C  T  A  A
I  U  N  P  N  U  S  I  P  Y  V  U  S  U  D  R
O  R  I  T  N  F  D  R  D  Q  P  I  G  B  A  R
N  R  O  D  A  P  U  C  O  E  R  P  O  R  D  A
A  I  I  D  A  S  O  S  D  R  N  R  A  S  O  S
D  D  T  S  U  O  V  R  E  N  E  T  C  H  O  S
O  O  S  A  S  U  S  T  A  D  O  Ó  N  U  R  E
C  Y  O  I  W  H  A  D  A  E  X  C  I  T  E  D
R  A  I  U  U  F  Y  S  T  B  D  T  S  C  W  H
```

EMOTION	EMOCIÓN
HAPPY	CONTENTO
SAD	TRISTE
EXCITED	EMOCIONADO
BORED	ABURRIDO
SURPRISED	SORPRENDIDO
SCARED	ASUSTADO
ANGRY	ENFADADO
CONFUSED	CONFUNDIDO
WORRIED	PREOCUPADO
NERVOUS	NERVIOSO
PROUD	ORGULLOSO
CONFIDENT	SEGURO
EMBARRASSED	AVERGONZADO
SHY	TÍMIDO

If you are feeling any symptoms of the following conditions it might be time to visit the doctor. When you are feeling better the words below are waiting to be found.

```
I A F F A I G A R R O M E H E A
H L L A S R N I T E F I E B R E
L E T L Á S A F D I A B E T E S
G R I P E E Ó S E E A Z E K O U
N G T Q R R A O H C A E O T E A
T I D R F B G R D P C R W S I N
G A A E S M R Y E A T I S L C E
T I V O E A T H W S I A Ó T H L
D E A M I L C S A E R R E N I A
R G R D T A B E D P E H F L C R
R A I R D C S E U L G N F S K B
S T C A N U Á L S U W Á H P E E
C A E G Á U L F O O E D Ó M N R
O H L N O I T C E F N I E A P E
L Á A N D I A B E T E S R R O C
D O L O R D E C A B E Z A C X Á
```

ALLERGY	ALERGIA
CHICKENPOX	VARICELA
COLD	RESFRIADO
COUGH	TOS
CRAMPS	CALAMBRES
DIABETES	DIABETES
DIARRHEA	DIARREA
FEVER	FIEBRE
FLU	GRIPE
HEADACHE	DOLOR DE CABEZA
INFECTION	INFECCIÓN
NAUSEA	NÁUSEA
NOSEBLEED	HEMORRAGIA nasal
RASH	SARPULLIDO
STROKE	derrame CEREBRAL

Study these maladies so you can develop a healthy bilingual vocabulary.

```
L N H E A R T A T T A C K N N N
L H Ó E R U T C A R F A G Ó Ó A
B R U I S E U C E P I L E P S Y
U F M U C T N I V S I R C T T N
R R O T I O O D P H T O H N O M
N A R U D A M E U Q H M E I M S
T C E S Ñ S L N C V A D S A A A
Ó T T E E I R T O I I S A R C R
I U Ó A P L E E H C U R A P H E
L R N E Ñ E S C C C O M U S A P
R A M S A A T A N T P R D S C A
T L S D W S R O E I E M A O H P
S O C U A M C G Ó M U A U Z E N
R O C O R T E N I A R G I M Ó A
H N I W H I O G A M Ó T S E P N
H P E T I A V C O O H F S E I S
```

ACCIDENT	ACCIDENTE
ASTHMA	ASMA
BRUISE	MORETÓN
BURN	QUEMADURA
CONCUSSION	CONMOCIÓN cerebral
CUT	CORTE
EPILEPSY	EPILEPSIA
FRACTURE	FRACTURA
HEART ATTACK	ataque al CORAZÓN
MEASLES	SARAMPIÓN
MIGRAINE	MIGRAÑA
MUMPS	PAPERAS
SPRAIN	ESGUINCE
STOMACH ACHE	dolor de ESTÓMAGO
VIRUS	VIRUS

QUESTIONS

Here are some basic questions and terms that you might hear frequently used in any language. Why? Because. Find these questionable terms and phrases below.

```
A S É E E S O O Á V O Á B S É N
I L Á D D E D V M D É A E S O L
C A T E S N U D L Q O D S Q L F
N Ó N Q Á T H Q N E U A R U L Y
A E É U T X I C R H S É C I I C
T E C É S N O U T O F U E É A R
S T R H E E T Á T W P Q A N O O
I S C O O H U N F F A R Y C B O
D G N R M W Á T T A L O E H E S
É H E A Ó U A O D R U P T E W B
U R F E C F E R E H W I P A E O
Q E Ó S T I S I E M I T T A H W
A Y D D A E I L S Y A I Y E S M
A R Á N S J P W O H O W M A N Y
Ó N A C Ó M O H W H C U M W O H
G X P U E D E S A Y U D A R M E
```

BECAUSE	PORQUE
HOW	CÓMO
HOW ARE YOU	CÓMO ESTÁS
HOW FAR	A QUÉ DISTANCIA
HOW MANY	CUÁNTOS(AS)
HOW MUCH	CUÁNTO
CAN YOU HELP ME	PUEDES AYUDARME
WHAT	QUÉ
WHAT TIME IS IT	QUÉ HORA ES
WHEN	CUÁNDO
WHERE	DÓNDE
WHO	QUIÉN
WHY	POR QUÉ

52

Table for two? Welcome to our Learn with Word Search restaurant. On the menu are the following helpful and delicious restaurant related words. Enjoy!

```
X  A  W  I  B  N  R  D  R  T  A  S  R  M  U  Ú
J  L  A  P  I  C  N  I  R  P  O  T  A  L  P  E
Ú  H  I  T  S  I  L  E  N  I  W  I  N  K  S  L
U  E  T  L  C  U  S  L  C  R  N  U  I  Y  A  D
T  S  E  O  N  S  A  I  I  C  D  K  P  L  T  H
E  O  R  C  E  D  V  A  O  B  S  A  O  H  P  Ú
E  N  H  D  I  R  A  U  T  E  E  E  R  Ú  A  B
T  I  U  N  E  M  R  S  R  B  R  H  P  N  A  A
D  V  N  S  D  S  A  V  E  I  T  T  T  E  N  L
C  E  N  A  E  F  I  B  Z  D  E  Ú  S  M  F  M
R  D  S  A  K  L  K  N  I  A  R  O  O  O  A  U
A  A  R  A  L  R  E  S  T  R  O  O  M  S  P  E
E  T  E  E  Y  Ú  O  R  E  R  A  M  A  C  P  R
D  R  T  W  M  U  N  A  P  K  I  N  S  I  Y  Z
B  A  I  Ú  C  O  N  A  P  E  R  I  T  I  V  O
S  C  T  H  H  T  C  O  A  T  N  E  U  C  A  L
```

APPETIZER	APERITIVO
BREAKFAST	DESAYUNO
DESSERT	POSTRE
DINNER	CENA
DRINK	BEBIDA
EAT	COMER
LUNCH	ALMUERZO
MAIN COURSE	PLATO PRINCIPAL
MENU	MENÚ
NAPKINS	SERVILLETAS
RESTROOMS	SERVICIOS
THE BILL	LA CUENTA
TIP	PROPINA
WAITER	CAMARERO
WINE LIST	CARTA DE VINOS

AT THE HOTEL

After that delicious meal it is time to head
back to the hotel and relax. Here is a list
of hotel words that might help give you a good
night's sleep.

```
B F N O I T P E C E R A P O É I
P X Ó C R X O M H E R D O Y E N
B A A H A Ó J I C T O A L L A T
L M P Ó A N R E L N I L L A V E
A U D E B B P A O E T I U S R R
N E G L L C I T T E T M O O R N
K Ó A G I H D T L S O P O S Ó E
E R I Ó A I I E A I E M A I J T
T J N S S G V G S C S L C P E T
S Y A T I I E A I E I A O N E O
I A U P S V N T R É T O R M Ó R
A R T I I M E V I I N E N L O R
B S O N I U I L B U T I E E A N
T N W G A C Q A E N S T C T S N
Ó K E Y E M H E I T O S T O E N
D P L M D V P A O H C O H H R E
```

BED	CAMA
BLANKETS	MANTAS
DO NOT DISTURB	NO MOLESTAR
GYM	GIMNASIO
HOTEL	HOTEL
INTERNET	INTERNET
KEY	LLAVE
LUGGAGE	EQUIPAJE
RECEPTION	RECEPCIÓN
ROOM	HABITACIÓN
ROOM SERVICE	servicio de HABITACIONES
SUITE	SUITE
TELEVISION	TELEVISIÓN
TOILET PAPER	PAPEL HIGIÉNICO
TOWEL	TOALLA

Were you a good student?   Here are some
subjects that you may have studied long ago,
or may be learning right now. Study these
challenging subject translations.

```
V  Y  G  O  L  O  I  B  M  A  I  C  N  E  I  C
A  Ú  N  S  O  I  C  O  G  E  N  Á  S  L  L  T
Y  C  Í  I  A  A  N  I  C  I  D  E  M  A  T  H
Z  H  I  D  I  O  M  A  S  P  U  I  N  E  R  G
S  A  P  S  I  N  P  Y  Í  Í  Í  G  C  S  A  N
S  C  E  A  Ú  R  H  I  F  F  U  A  C  I  N  I
B  I  I  Í  R  M  I  I  H  A  A  I  T  H  N  R
I  M  E  M  N  G  L  N  G  I  S  R  N  D  Y  E
O  Í  I  O  O  O  O  E  G  Y  S  O  G  R  G  E
L  U  Á  N  S  N  S  E  H  E  E  T  T  O  S  N
O  Q  S  O  Y  C  O  P  G  T  N  S  O  R  E  I
G  T  F  C  I  E  P  C  R  N  I  I  A  R  C  G
Í  Í  Ú  E  T  A  H  A  E  M  S  H  E  I  Y  N
A  F  N  Z  A  M  Y  S  E  C  U  I  S  R  H  E
A  C  I  S  Í  F  O  H  Í  W  B  U  A  R  Í  E
E  A  U  O  S  A  C  I  T  Á  M  E  T  A  M  A
```

ART	ARTE
BIOLOGY	BIOLOGÍA
BUSINESS	NEGOCIOS
CHEMISTRY	QUÍMICA
ECONOMICS	ECONOMÍA
ENGINEERING	INGENIERÍA
GEOGRAPHY	GEOGRAFÍA
HISTORY	HISTORIA
LANGUAGES	IDIOMAS
MATH	MATEMÁTICAS
MEDICINE	MEDICINA
MUSIC	MÚSICA
PHILOSOPHY	FILOSOFÍA
PHYSICS	FÍSICA
SCIENCE	CIENCIA

Math. Some people love it, and some people hate it. Add these words to your vocabulary and multiply your language skills.

```
N Ó I C A C I L P I T L U M U N
O O R A L U C I D N E P R E P Ó
I E I L F P A R A L E L O Q F I
S E T T I R E G L A A Ó H U R C
I L A E C A A A E D Á R E A A I
V G E I J A R C D O C E G T C D
I H G É E A R I T H M E T I C A
D N A Í P B T T T I O E N O I I
I U T B O I I N B M O Á T N Ó E
V A N V O L U M E U É N C R N C
I A E N U R F T T C S T E E Í U
S W C R U Í R G I R R S I N N A
I A R L A Y E N E M T O X C E C
Ó N E M U L O V D A S O P E A I
N R P E R P E N D I C U L A R Ó
N R M U L T I P L I C A T I O N
```

ADDITION	ADICIÓN
AREA	ÁREA
ARITHMETIC	ARITMÉTICA
DIVISION	DIVISIÓN
EQUATION	ECUACIÓN
FRACTION	FRACCIÓN
GEOMETRY	GEOMETRÍA
MULTIPLICATION	MULTIPLICACIÓN
PARALLEL	PARALELO
PERCENTAGE	PORCENTAJE
PERPENDICULAR	PERPENDICULAR
RULER	REGLA
SUBTRACTION	RESTA
VOLUME	VOLUMEN

It is estimated that globally there are over 100,000 flights per day. Here are some common airport related terms for you to learn while they try to find your lost baggage.

```
Z  I  L  A  N  O  I  C  A  N  R  E  T  N  I  Ó
S  N  L  N  I  N  A  C  I  O  N  A  L  X  A  B
E  T  A  A  L  R  N  L  E  T  S  Ó  T  A  A  T
R  E  N  I  A  E  C  E  L  A  S  R  I  G  C  P
U  R  I  R  N  J  I  R  N  E  U  E  G  V  A  T
T  N  M  P  I  A  N  A  A  N  G  A  M  S  A  S
R  A  R  O  M  P  I  N  W  F  G  A  A  O  E  M
A  T  E  R  R  I  Z  A  J  E  T  P  D  C  D  O
P  I  T  T  E  U  Y  U  R  T  O  A  U  A  N  T
E  O  F  R  T  Q  Z  D  W  R  D  R  K  N  S  S
D  N  F  F  O  E  K  A  T  I  I  K  Ó  A  X  U
W  A  E  R  O  P  U  E  R  T  O  V  L  D  N  C
R  L  L  J  D  V  S  U  Y  S  H  I  A  L  H  I
T  E  K  C  I  T  G  S  X  R  D  R  F  L  A  S
U  B  I  L  L  E  T  E  A  A  F  T  A  H  S  W
X  L  S  A  S  Y  D  E  S  P  E  G  U  E  H  L
```

AIRCRAFT	AVIÓN
AIRPORT	AEROPUERTO
ARRIVALS	LLEGADAS
BAGGAGE	EQUIPAJE
CUSTOMS	ADUANA
DEPARTURES	SALIDAS
DOMESTIC	NACIONAL
INTERNATIONAL	INTERNACIONAL
PASSPORT	PASAPORTE
RUNWAY	pista de ATERRIZAJE
SECURITY	SEGURIDAD
TAKEOFF	DESPEGUE
TERMINAL	TERMINAL
TICKET	BILLETE

Farming has existed since 10,000 BC. If you work on a farm, or just like eating food, here are a some farm words for you harvest.

```
G H N W I C H I C K E N X N H O
U O W T D I D W T E R C Y T D W
V O A L E F U F U J R S H D S P
C A D T A P C A N C O N F G H E
O D C R Y E K R U T E N O D R A
E L M A E A R V L E T D E L G R
S E W C K C I C T H E A Q O D E
R G A T N O O T T D D E C Z E O
O R L O O R R T A O U C P V A R
H T O R D A A A A S R A A A G E
H A R E C T J P B P V O F B Z J
I U R T M E O U A O N W L L R N
B O O S V L L O E R B M A L R A
O R T O L L A B A C L G V J A R
U O C O S E C H A S H E E P I G
L W R R A C O V R W S W J L T A
```

BULL	TORO
CHICKEN	POLLO
COW	VACA
CROPS	COSECHAS
DONKEY	BURRO
DUCK	PATO
FARMER	GRANJERO
GOAT	CABRA
HORSE	CABALLO
LAMB	CORDERO
PIG	CERDO
ROOSTER	GALLO
SHEEP	OVEJA
TRACTOR	TRACTOR
TURKEY	PAVO

Time to get out there and experience all there is to see. How do you prefer to explore a new city? Try exploring these highly rated sightseeing words.

```
C Á M A R A P A M Y S S C S J R
C A M C O R D E R E D I N Á U I
M Á M O N U M E N T S E N I G E
S A Ó E K O L E S E V Ó N M U T
N Í P D R L I Ó A I I A O U Í R
O U O O A A W T D C S N T E A A
I G F G P K S E A E U I U S T E
T O T E N I O M N M I Q E U U D
C R R B R C R O E H R T A M R A
A B O U Á O I N B A Á O S L Í Í
R I T M F C T P P E H U F S S R
T L A N C O K R H M D R Y N T E
T R I E S T O U R G U I D E I L
A T R A C C I O N E S S U H C A
D I R E C T I O N S U T E G O G
D Á Y W T E O T T Á O O R O S Z
```

ART GALLERY	GALERÍA DE ARTE
ATTRACTIONS	ATRACCIONES
CAMCORDER	VIDEOCÁMARA
CAMERA	CÁMARA
DIRECTIONS	DIRECCIONES
GUIDE BOOK	LIBRO GUÍA
INFORMATION	INFORMACIÓN
MAP	MAPA
MONUMENTS	MONUMENTOS
MUSEUM	MUSEO
PARK	PARQUE
RUINS	RUINAS
TOUR GUIDE	GUÍA TURÍSTICO
TOURIST	TURISTA

Time to hit the beach for some sun, sand and surf. Below you will find a list of warm beach related words.

```
T J T A E L T S A C D N A S C E
A É S S E O D O R E N S E L N I
P W A V E S O L E A I O X Ó G T
R E N H S E C A S T I L L O A A
O A A P L D R A U G E F I L A É
T T Ó J L S R Ó N N K C Ó N L É
E S O C É A N O S I M O E S A N
C I T K N F Y F C F X R D B P G
T R B U Ó A N A R R A E T C N E
O R S U I G Ó O E U Ó R U I L A
R O A E C Ó Y O E S S B M E S O
S C T M A K E D N É O M V I C T
O O S A T S E E H C I O A L E E
L S H C A E B T E W H S A I Ó A
A A S U N G L A S S E S R A G U
R O L A S A N D E E T E L É O G
```

BEACH	PLAYA
BUCKET	CUBO
HAT	SOMBRERO
LIFE GUARD	SOCORRISTA
OCEAN	OCÉANO
SAND	ARENA
SANDCASTLE	CASTILLO de arena
SEA	MAR
SHOVEL	PALA
SUN	SOL
SUNGLASSES	GAFAS DE SOL
SUNSCREEN	PROTECTOR SOLAR
SURFING	SURF
SWIMMING	NATACIÓN
WAVES	OLAS

Is the museum near or far? Is it expensive to
get in or not? Start studying these opposite
terms, and you may find out.

```
C  O  R  T  O  L  A  M  H  X  T  E  D  H  D  O
T  Ñ  I  E  E  O  T  N  A  R  R  O  W  E  D  B
O  E  M  U  K  W  F  A  B  N  O  D  C  E  U  H
F  U  U  O  N  I  E  Ñ  O  G  H  A  Y  E  G  E
N  Q  N  Y  U  Y  J  I  I  E  S  J  N  I  S  M
M  E  C  B  N  U  B  R  Ñ  L  S  O  H  C  N  A
F  P  L  W  S  T  A  O  A  O  A  M  Y  D  D  S
T  E  E  D  E  O  I  Ñ  T  Y  T  R  A  R  L  E
H  O  S  R  E  D  H  E  Ñ  M  R  B  N  L  D  D
G  D  A  D  I  T  U  E  O  N  E  O  Y  I  L  N
W  U  I  E  J  T  L  I  A  L  E  E  W  B  H  A
S  R  E  I  A  S  L  T  S  N  I  A  W  E  I  R
Y  O  T  V  D  L  P  W  B  M  F  C  T  E  A  G
H  S  F  R  A  O  T  L  A  R  T  L  L  T  Y  A
R  N  A  T  R  U  E  O  J  A  B  E  E  X  Ñ  V
O  H  C  E  R  T  S  E  T  L  T  H  D  S  D  S
```

BIG	GRANDE
SMALL	PEQUEÑO
WIDE	ANCHO
NARROW	ESTRECHO
TALL	ALTO
SHORT	CORTO
HIGH	ALTO
LOW	BAJO
GOOD	BUENO
BAD	MALO
WET	MOJADO
DRY	SECO
HARD	DURO
SOFT	SUAVE

Would you be opposed or in favor of some more opposite words?   For better or worse, here are some more words to study and find.

```
E N X O T C E R R O C N I O W V
I S W T D W A E I U O T I L L V
S E N R Á A H S T L I P A S S A
I S O E O H R H Á N R D I R T Y
L E E I H N S R O N E I O R A C
E M Í B H Á G I E T T I G S D F
N T V A Í R S P R C S A L H O Í
C I E O Á Y O E L L B A R A T O
I M C P F R Í O E E I O F S C U
O I I A N T S N H A I M L U E E
S D F E O E T O M N M O P C R I
O Q C H D O A C Á Á W V C I R C
Á U E C I L F G Í D A I U O O M
N I Í R L N W T R A E D L O C T
S E X P E N S I V E Á N L T A D
F T E A U Á G E R H T R S E C E
```

FAST	RÁPIDO
SLOW	LENTO
RIGHT	CORRECTO
WRONG	INCORRECTO
CLEAN	LIMPIO
DIRTY	SUCIO
QUIET	SILENCIOSO
NOISY	RUIDOSO
EXPENSIVE	CARO
CHEAP	BARATO
HOT	CALIENTE
COLD	FRÍO
OPEN	ABIERTO
CLOSED	CERRADO

They say that opposites attract. See if you are attracted to the list of opposite words below. Find them in the grid, or don't.

```
L O D A G L E D F É Z H E D S F
O I Í H A T L U C I F F I D F O
Á P B C Z H L H T D N U N E U E
S I R É A L E A I K A E W Í E F
H C N F D V D S I V R R Y E É Á
D N U E V O S P Í Á I T K U A J
I I Á T S R T A Í C P E H E F T
F R G S O S Í N N M N M J I R J
Í P R N E N D O E D E E A O N E
C G H C E D P S W F B É I L N Í
I E A Z L E C C F A S S E É A L
L R E O T A F U F T N L O R Z A
É N T Á H S R R R Í L I C Á F R
O D R O G Y N O E E Y I F Á D E
F B E G I N N I N G A T E Á Q Z
V E L L L G Í O É I W K Á U S Á
```

FULL	LLENO
EMPTY	VACÍO
NEW	NUEVO
OLD	VIEJO
LIGHT	CLARO
DARK	OSCURO
EASY	FÁCIL
DIFFICULT	DIFÍCIL
STRONG	FUERTE
WEAK	DÉBIL
FAT	GORDO
THIN	DELGADO
BEGINNING	PRINCIPIO
END	FIN

An antonym is a word opposite in meaning to another. A synonym is a word that has the same or similar meaning to another word. Find the antonyms from the word list in the puzzle grid.

```
N L W I T H O U T É N O S D O H
A É E H R N N W A L B B Í S S D
É M S R E F F Í U Q A T T O I G
Ú E R E L K S D D B T F Ú T N B
A D N É A O U E D R A T T I E A
Ú N E T J C I E F E H C E E A O
Í Y H E Í N T U A A O R R Ú R U
N N L R L N E T A L R F V E I T
T O O R L R T D D Í L L M Q C S
U N P S A Í B E O Ú I I E R J I
A A T P D E A R I S R T O M N D
N R H N F O T A F P T W M S H E
W P E O É N É I N O C L I E E R
É M R B E Í R T A T A D T O I E
A E E D E S P U É S E E L N É H
R T W I T H É I T L I S Ú L E O
```

NEAR	CERCA
FAR	LEJOS
HERE	AQUÍ
THERE	ALLÍ
WITH	CON
WITHOUT	SIN
BEFORE	ANTES
AFTER	DESPUÉS
EARLY	TEMPRANO
LATE	TARDE
INSIDE	DENTRO
OUTSIDE	FUERA
FIRST	PRIMERO
LAST	ÚLTIMO

We encounter many different materials on a daily basis. Some are strong enough to hold up buildings and others are soft and flexible. Here is a list of common materials to choose from as we continue to build your language skills.

```
R T Ó N R Á C R D O O D E L M N
N O E T E R C N O C O W A E U I
N N G D I T E E O R U R T R N Ó
T I U S N A N P W R O A E Ó I E
H T T Y A O P A O A L H G C T M
I A A L T E A Y M E F I L Y A A
L L R S R T A N E A M A A J L T
C P D E C F W T E R I M R T P E
H Y E N D L S N O R R D E R D R
U N I R O A E H E C A C V T N I
S H P I B M M T L Q I I L I A A
Á L N I S O A S T H A T I S S L
S O I E E M C I D L T S S I S O
T R M A T L A K D F A A N Á E T
T M H Q H M A R C I L L A Ó L O
E N Ó Ó T K D L O G P P O L T P
```

CLAY	ARCILLA
CONCRETE	HORMIGÓN
COPPER	COBRE
DIAMOND	DIAMANTE
GLASS	CRISTAL
GOLD	ORO
MATERIAL	MATERIAL
METAL	METAL
PLASTIC	PLÁSTICO
PLATINUM	PLATINO
SAND	ARENA
SILVER	PLATA
STEEL	ACERO
STONE	PIEDRA
WOOD	MADERA

See if you can handle another shipment of common materials. Be sure to handle each one with care.

```
R N N I H F I Ó M E L P A T E E
L E E T S S S E L N I A T S A T
A L U M I N U M R E O N S R U E
C B A J U P A P E L A Ó O O O N
I A A N A I L O L U S T E R O E
M D L Ó O I N I M U L A H R T A
Á I W D A T R A O A Ó L I E S C
R X A O C D R C T S R K C I R B
E O T G A U O C O I O B A H A D
C N I L N T E L T S T P L G A A
W I T A T R E R S R N A G E R M
E O A O A U E A O V E P L O M O
E R N M S B R T N E M E C G M N
Á E I P L B E I N L E R B H R A
O C O C I E P O O Á C I Á T N L
O A O M Á R M O L Ó U I S I H F
```

ALUMINUM	ALUMINIO
BRASS	LATÓN
BRICK	LADRILLO
CEMENT	CEMENTO
CERAMIC	CERÁMICA
COTTON	ALGODÓN
IRON	HIERRO
LEAD	PLOMO
LEATHER	CUERO
MARBLE	MÁRMOL
PAPER	PAPEL
RUBBER	GOMA
SOIL	SUELO
STAINLESS STEEL	ACERO INOXIDABLE
TITANIUM	TITANIO

We've made it through the first half of the book. Time to stop and have something to drink. Can we suggest one of the following?

```
S E S W G Á R T A M U R Á W O O
N R W H I T E W I N E O E H N T
T H V I N C H L T N A L D I I N
T M T S E O K A I A M E H S C I
O A N K B F D W J T T C F K C T
A E Z Y R F D B Á U U H S E U O
U K O U A E M A E P I E G Y P N
N S W R R E T H A E R C L E P I
Z A H U I C Z C C E R V E Z A V
E J M Y E R H É T I H T R N C N
A E O S D O S A A É E T É F T R
H K W V L N W O M U Z T W E V É
C Z D Y D N A R B P G E T G F É
É K E O T O T R B H Á A I A E E
A K D O V I N O B L A N C O T N
J T E B E N G A P M A H C E O A
```

BEER	CERVEZA
BRANDY	BRANDY
CAPPUCCINO	CAPUCHINO
CHAMPAGNE	CHAMPÁN
COFFEE	CAFÉ
GIN	GINEBRA
JUICE	ZUMO
MILK	LECHE
RED WINE	VINO TINTO
RUM	RON
TEA	TÉ
VODKA	VODKA
WATER	AGUA
WHISKEY	WHISKY
WHITE WINE	VINO BLANCO

Review Jumble: The translations in the word list below have been scrambled. Draw lines between the left and right columns to find the correct translations.

```
A R L U K W E H N S I E T E F B
N I N E N N U N E E T R U O F R
E E R H T O G E E V V R S I X T
E C R O T A C V T E E E C N O T
T U E F F N L N F N I U L A E W
R A E O I E R N I S N G N E L S
I T U U W V E Z F C I B H H O I
H R Q T E T E C O D S E R T D T
T O I C Q I M A O H N P F I T R
R E H N D P O S H O T T F I H B
E F I C A D T T O D N T W I C T
C R T H O E E H A F S W O D L Y
E E N E T H I E L V N L T I M I
I U O E L E N H I I N S W T A S
L S H G E A H H N Y O A Z N H B
T E E S T Z O Y L H T V T U T N
```

ONE	TRECE
TWO	OCHO
THREE	SEIS
FOUR	ONCE
FIVE	DOCE
SIX	CUATRO
SEVEN	TRES
EIGHT	NUEVE
NINE	CATORCE
TEN	CINCO
ELEVEN	DOS
TWELVE	SIETE
THIRTEEN	DIEZ
FOURTEEN	UNO
FIFTEEN	QUINCE

Review Time: Draw lines between the English word on the left and the corresponding translation on the right. Refer back to the original puzzle if you need help.

```
S X C I N C U E N T A E U M S R
P N I I O D I E C I N U E V E O
R K Y N O V E N T A T Y W E V E
B W T Ó C E Y I A W T D N Y E U
V S X L U R R T K E E N E E N D
E E I L A Y N C N L M N E F T C
A V S I R I T I T I Ó A T S Y M
Ó E I M E R N H L M O T H Y E S
G N X R N E D L G H H F G C O S
L T T W T D I E C I S É I S M T
E E E E A O R O R A E E E F U T
T E E N N E I T Y D N T S B T O
N N N W S C Y C A T N E H C O Y
I A T N E T E S O E R U V N I N
E T E I S I C E I D M O H Y T S
V N D N A S U O H T A É F L I A
```

SIXTEEN	SESENTA
SEVENTEEN	MILLÓN
EIGHTEEN	DIECISIETE
NINETEEN	CIENTO
TWENTY	VEINTE
THIRTY	DIECINUEVE
FORTY	CINCUENTA
FIFTY	DIECIOCHO
SIXTY	MIL
SEVENTY	OCHENTA
EIGHTY	SETENTA
NINETY	TREINTA
HUNDRED	DIECISÉIS
THOUSAND	NOVENTA
MILLION	CUARENTA

Review Jumble: The translations in the word list below have been scrambled. Draw lines between the left and right columns to find the correct translations.

```
M H J V F S E M A N A Y E R H X
F A U L F R A M S S R O N É W D
I H E G I R Á Ñ O U G T C C A N
E D V H T V I E R N E S E N U L
S A E E N S N D I D D U E T P T
T E S T S Y P M A A D A O H I G
A O L O J A O H O Y Í M Y T O Ñ
N E D O E D T Y H D O K U E Q W
A D I A C S N U A R E E N O A E
C N X N Y R K E R D S E N D K D
I Y A D E U É O K D R W S A J N
O R A Ñ É H W I A E A E I B E E
N L A É A T D Y M T E Y T Á O S
A Í O N E M T A L N É W I S F D
L N A N A M E S E D N I F E E A
Á N A T I O N A L H O L I D A Y
```

MONDAY	FIESTA NACIONAL
TUESDAY	MARTES
WEDNESDAY	DOMINGO
THURSDAY	JUEVES
FRIDAY	MIÉRCOLES
SATURDAY	DÍA
SUNDAY	SEMANA
WEEKEND	VIERNES
NATIONAL HOLIDAY	MAÑANA
TODAY	HOY
TOMORROW	AYER
YESTERDAY	SÁBADO
WEEK	LUNES
DAY	FIN DE SEMANA

Review Time: Draw lines between the English word on the left and the corresponding translation on the right. Refer back to the original puzzle if you need help.

```
T A P R I L T S S O R E R B E F
C G S E P T I E M B R E L M F K
M C L B L O C T U B R E O T T O
A A I M A E F L M B E I W G M L
R L R E N O V E M B E R A R F M
Z E B C S N I E B H A S I L S C
O N A E H V I N T R E J E N Ñ Ñ
R D M D O C P U H M U O N T L P
Y A Ñ N I N C J O N C A E A O H
Y R D D O T E N I T I T R A I R
N I A N T A T O O T S I O Y A M
I O O E E H I B O U O O E O Ñ P
T I T A Y L E Ñ G W C T G W O I
G L E L Y R A U N A J Q F A A Y
E U U Y A L A C B E W I O O I N
H J F S E P T E M B E R L A L U
```

JANUARY	NOVIEMBRE
FEBRUARY	MARZO
MARCH	SEPTIEMBRE
APRIL	MAYO
MAY	DICIEMBRE
JUNE	AÑO
JULY	FEBRERO
AUGUST	JULIO
SEPTEMBER	ENERO
OCTOBER	OCTUBRE
NOVEMBER	JUNIO
DECEMBER	ABRIL
CALENDAR	CALENDARIO
MONTH	AGOSTO
YEAR	MES

Review Jumble: The translations in the word list below have been scrambled. Draw lines between the left and right columns to find the correct translations.

```
E C É N H O N R E I V N I M K T
P R I M A V E R A M O R N I N G
B É E U O P T A O D N É É N T P
N S R T O N Ñ R Ñ M A W W U M E
X Q O U N L T O O J R C P T A L
A D M A N I G H T N E E É E H L
Ñ O Í N N U W I O A V A T D O Ñ
N O T A N T F C S U F A I F E Y
Q O Ñ Ñ S S H E R S R A S T É T
L L K A S E C O N D T U P Y H E
A R E M K G A Y E E M E R S T D
T A T C A U R E Y M S U I R M I
A Í U N A N C A E O T U N I M P
S R T M E D D R L N L O G H H D
G D Ñ N O O N R E T F A E A Í S
I M A Í E D A C E D Ñ Ñ M O O A
```

WINTER	VERANO
SPRING	OTOÑO
SUMMER	AÑO
AUTUMN	HORA
SECOND	MAÑANA
MINUTE	DÉCADA
HOUR	INVIERNO
DAY	MINUTO
MONTH	DÍA
YEAR	MES
MORNING	PRIMAVERA
AFTERNOON	SEGUNDO
NIGHT	TARDE
DECADE	NOCHE
CENTURY	SIGLO

Review Time: Draw lines between the English word on the left and the corresponding translation on the right. Refer back to the original puzzle if you need help.

```
C C T T Ó T D A Q T E Z I I S R
S S F C I N I E D A E T F Z A L
O W O T U Ó R M B B D E N I O F
C L V O A D Q A S E N Y T J H R
O U O S T N H A R D E G O D A A
N Z B R O W N E G R O R S C A Ó
F A S L O H O A G E R I O N P N
T T I L T N A O E V L S D L M W
E N L C Ó S L O C H P I N K H E
W E A R O D A R O M Z L O I O I
Y G R R R A T A L P E V T O V M
T A D M A G E N T A U E E C A A
M M R N N N O C I Ó E R J N O I
H O I C G F J Y E V L U P A R T
K I N E E R G A M A R I L L O T
N J C O R E E N I K C A L B E A
```

BLACK	AMARILLO
BLUE	GRIS
BROWN	PLATA
CYAN	NEGRO
GOLD	ROSA
GREY	ROJO
GREEN	NARANJA
MAGENTA	BLANCO
ORANGE	ORO
PINK	VERDE
PURPLE	CIAN
RED	MARRÓN
SILVER	MORADO
WHITE	MAGENTA
YELLOW	AZUL

73

Review Jumble: The translations in the word list below have been scrambled. Draw lines between the left and right columns to find the correct translations.

```
E  M  D  T  R  I  Á  N  G  U  L  O  E  I  M  E
R  R  H  I  Y  E  D  X  E  L  C  R  I  C  T  S
A  T  E  O  M  U  D  B  O  N  Á  D  Á  N  F  U
U  R  X  H  H  A  U  N  K  V  E  N  D  S  E  C
Q  I  Á  Ó  P  C  R  T  I  S  A  I  W  T  T  U
S  A  G  O  Ó  S  P  Y  F  L  O  L  A  V  Ó  B
O  N  O  G  Á  T  N  E  P  O  Y  I  E  I  T  O
L  G  N  C  S  H  R  R  E  E  T  C  N  A  L  N
U  L  O  D  T  A  U  S  Í  S  N  X  O  U  O  N
G  E  D  I  M  Á  R  I  P  I  T  T  C  G  C  A
N  Í  F  A  L  E  G  C  U  A  D  R  A  D  O  D
Á  I  R  M  R  N  O  O  N  Q  Í  T  E  G  N  N
T  D  I  A  M  O  N  D  N  C  C  H  S  L  O  T
C  E  T  N  H  E  X  A  G  O  N  N  N  Á  L  N
E  S  T  T  B  A  K  U  B  N  C  L  T  I  S  A
R  Ó  Ó  E  E  L  G  N  A  T  C  E  R  H  H  G
```

CIRCLE	PIRÁMIDE
CONE	CUADRADO
CUBE	HEXÁGONO
CYLINDER	CONO
DIAMOND	OCTÁGONO
HEXAGON	ESFERA
OCTAGON	RECTÁNGULO
OVAL	ESTRELLA
PENTAGON	TRIÁNGULO
PYRAMID	CUBO
RECTANGLE	PENTÁGONO
SPHERE	CÍRCULO
SQUARE	ÓVALO
STAR	DIAMANTE
TRIANGLE	CILINDRO

Review Time: Draw lines between the English word on the left and the corresponding translation on the right. Refer back to the original puzzle if you need help.

```
E  K  A  I  U  F  R  W  Ó  C  H  Ó  F  E  N  D
D  R  W  R  D  N  R  T  D  E  D  S  P  I  L  Ñ
H  O  Ó  L  A  A  E  D  S  D  A  R  A  C  E  F
D  F  D  P  V  O  G  Y  S  J  I  Z  M  L  R  Ñ
N  L  M  U  Q  T  I  C  E  C  H  E  E  K  U  N
G  N  H  Ñ  O  M  R  C  M  T  O  N  N  B  Ñ  I
L  S  O  R  A  T  F  W  U  E  G  A  T  T  A  H
H  E  E  H  B  A  E  O  I  U  R  S  Ó  O  E  C
D  J  M  D  C  A  M  H  A  I  R  I  N  A  Y  S
A  H  A  E  A  R  T  H  Z  H  D  F  N  T  E  R
E  E  T  L  J  N  B  O  C  A  T  R  E  V  B  L
H  A  M  A  O  I  L  C  N  O  S  E  E  A  R  A
E  O  H  B  Ó  E  L  M  D  G  P  N  E  S  O  T
R  R  J  I  P  R  L  L  O  X  U  T  E  T  W  T
O  D  A  O  O  S  A  Ñ  A  T  S  E  P  Ñ  S  E
F  T  D  S  E  H  S  A  L  E  Y  E  I  Y  C  T
```

CHEEK	CARA
CHIN	CEJAS
EAR	MENTÓN
EYE	MEJILLA
EYEBROWS	CABEZA
EYELASHES	FRENTE
FACE	PESTAÑAS
FOREHEAD	OREJA
HAIR	LABIOS
HEAD	PELO
LIPS	NARIZ
MOUTH	DIENTES
NOSE	OJO
TEETH	LENGUA
TONGUE	BOCA

Review Jumble: The translations in the word list below have been scrambled. Draw lines between the left and right columns to find the correct translations.

```
S H O U L D E R D B Ó H P U D S
S H O U L D E R B L A D E E C O
E G A H D G A T S R C H Z E H E
R T F N N M E G U E E Ñ Ó S R K
Ó G A I R L O T M L Ñ I N D T I
C H F P E E N S H Ñ U Y P P D I
R A H P V I I L L U M Z Y D Ñ Ó
O H D L C P O P B R M O T N D N
T T O E T A I A G N A B F E Y D
A E Z M R H E A R I T T D D E T
L B D M B A L E A S R O X V M C
P U L G A R B B I F K D O N E I
O Ó E M A N O R N A I O O F F L
M V G O I R W A I S T C N A D A
O Ñ S E Ñ E M Z R E Z A Q G D T
L E I P L E D O D E D X U F G O
```

ARM	PEZÓN
ELBOW	OMOPLATO
FINGER	PIERNA
FOOT	CODO
HAND	BRAZO
HIP	MANO
LEG	MUÑECA
NIPPLE	PIE
SHOULDER	PULGAR
SHOULDER BLADE	DEDO
THUMB	CADERA
TOE	CINTURA
WAIST	HOMBRO
WRIST	DEDO DEL PIE

Review Time: Draw lines between the English word on the left and the corresponding translation on the right. Refer back to the original puzzle if you need help.

```
A O G D E S Q C L A R E O I R T
S L P D A N T E B R A Z O E O M
Ñ I O H D E I O S U O W O Ñ O Ñ
H A L E C P D K U P T D S G O N
A N S R T Y I S Ñ S A T I R T A
Y R U C F N N E A L E L O L E L
L E M F O P R E U C B E D C L G
F G Ñ P A S R N C M I G N A K A
U N T A I B E K O K F A X L N S
A I I O O T A T C Z A R M M A A
N F D O B C F I U A W G R O L T
O A T A X I L A E H B A D S H O
K D V H Ñ C L L L E E N Y R D K
O A T E A Ñ D L L R B T O N E S
H F A L L I R R O T N A P L R E
E L F D T J T F T B T H I G H E
```

ANKLE	AXILA
ARMPIT	UÑA
BACK	ESPALDA
BODY	PANTORRILLA
BREAST	OMBLIGO
BUTTOCKS	GARGANTA
CALF	SENO
FINGERNAIL	NALGAS
FOREARM	MUSLO
KNEE	PIEL
NAVEL	CUELLO
NECK	RODILLA
SKIN	CUERPO
THIGH	TOBILLO
THROAT	ANTEBRAZO

Review Jumble: The translations in the word list below have been scrambled. Draw lines between the left and right columns to find the correct translations.

```
D D C G O A I I G Y H S Ó L P C
O S E N O M L U P S H Í G A D O
O S R N R U K O G A M Ó T S E R
L T E K I D N E Y O N Á L N H A
B O B U K T Á S D Á H B I S R Z
P M R U R S S A X E O T V T S Ó
Q A O E N G G E A I S Í E L A N
T C N I L L Ó R T E D R R P N I
A H E C E E T C T N I N É O E A
O V E D R É S N B E I N E Ú V R
N E L F Á E I Á S A D E Ó P A B
Í O P D L L A P O I Z Ú G Ñ P Ó
W C S C L M Ú S C U L O S R I A
I E S A A R T E R I A S O F A R
Ñ U M E X H Á E B E I S G N U L
M S A N G R E N É D T L E R E Ñ
```

APPENDIX	APÉNDICE
ARTERIES	CORAZÓN
BLOOD	RIÑÓN
BRAIN	MÚSCULOS
HEART	VENAS
KIDNEY	HÍGADO
LARGE INTESTINE	ARTERIAS
LIVER	intestino GRUESO
LUNGS	SANGRE
MUSCLES	PÁNCREAS
PANCREAS	CEREBRO
SMALL INTESTINE	ESTÓMAGO
SPLEEN	BAZO
STOMACH	intestino DELGADO
VEINS	PULMONES

Review Time: Draw lines between the English word on the left and the corresponding translation on the right. Refer back to the original puzzle if you need help.

```
L  Í  A  T  L  A  N  T  I  C  O  C  E  A  N  A
O  O  C  I  F  Í  C  A  P  O  N  A  É  C  O  M
N  E  N  A  E  C  O  C  I  F  I  C  A  P  N  É
G  E  A  E  D  U  T  I  T  A  L  I  C  S  E  R
I  D  T  H  A  C  I  R  F  Á  Á  R  I  T  B  I
T  U  A  N  E  F  A  E  E  T  É  E  T  Á  N  C
U  T  D  C  E  I  E  M  O  T  O  M  R  S  I  A
D  I  N  A  I  N  O  A  G  C  T  A  Á  H  E  D
U  G  O  E  D  T  I  H  I  E  I  H  T  S  O  E
T  N  E  T  N  S  C  T  W  E  Q  T  N  M  O  L
I  O  U  N  A  I  N  R  N  Á  E  U  A  Í  E  S
T  L  R  E  A  Á  T  O  A  O  W  O  A  P  Í  U
A  T  O  C  L  S  E  N  B  T  C  S  O  T  T  R
L  D  P  T  É  I  I  N  O  D  N  R  B  Í  O  T
Y  I  A  F  R  I  C  A  P  C  U  A  J  E  E  R
Í  É  D  E  L  N  O  R  T  E  C  U  A  D  O  R
```

AFRICA	ANTÁRTICA
ANTARCTICA	ÁFRICA
ASIA	LATITUD
ATLANTIC OCEAN	ASIA
CONTINENT	LONGITUD
EQUATOR	CONTINENTE
EUROPE	ECUADOR
LATITUDE	océano ATLÁNTICO
LONGITUDE	américa DEL NORTE
NORTH AMERICA	EUROPA
PACIFIC OCEAN	OCÉANO PACÍFICO
SOUTH AMERICA	AMÉRICA DEL SUR

Review Jumble: The translations in the word list below have been scrambled. Draw lines between the left and right columns to find the correct translations.

```
D E S I E R T O E N W H Á E S C
I S F E E R L A R O C O O I A R
E G H F I S E D O A N B C C A M
U E S I H H U I E A M A R I Ñ O
B M E C É M Q B C Í Y Á C Á A U
I F Y E T E S L I A T A N A T N
S L Ñ R O D O C L E L S O E A T
T A D R N V B P R G É G E C Á A
A W N A A I T I S D L E O R Ñ I
L B L Á É C U R N A E S E A O N
S S U O C I U D A D T S T T E F
I E R Í O L E R E A É N E E Á M
L T D L A G O E C A O L A R V A
A H O E H H H V O M C O A S T F
E O P U F O C I T Y H Í É K Á N
A A E T M Á Y R Í T E E S M E C
```

BEACH	COSTA
CITY	GLACIAR
COAST	LAGO
CORAL REEF	MONTAÑA
CRATER	BOSQUE
DESERT	CRÁTER
FOREST	ISLA
GLACIER	DESIERTO
ISLAND	RÍO
LAKE	OCÉANO
MOUNTAIN	ARRECIFE de coral
OCEAN	VOLCÁN
RIVER	PLAYA
SEA	MAR
VOLCANO	CIUDAD

Review Time: Draw lines between the English word on the left and the corresponding translation on the right. Refer back to the original puzzle if you need help.

```
L E E T Á N L S Á É Ú T K G Á I
N I E V E N A C I R R U H L É W
X R T E U O E O L Y Í R É Á V A
T N L C O L D I M U H H Ú Á W L
Ú C U É J E E Ú Ó R F R Í T Ó C
E I E B M M R D W T A R S I B R
T R R Ú L R C G Y I E I A U A Y
N T H U R A C Á N O N S N Y R T
E E Y R H W D B S I U D G S O U
I M D B N W O O T N N L Y A M A
L O U W Ó W T H N N H T I F É W
A R O L O N U Y R E I V H O T S
C A L I E N T E O R U E Í G R T
I B C V D Y S M U L S R B Ú I U
S O L E A D O V L W F C T L C L
E D R R O A Í S I R I O C R A D
```

BAROMETRIC pressure	HÚMEDO
CLOUDY	ARCO IRIS
COLD	FRÍO
FOG	RAYO
HOT	SOLEADO
HUMID	NIEBLA
HURRICANE	TRUENO
LIGHTNING	CALIENTE
RAIN	CALIENTE
RAINBOW	presión BAROMÉTRICA
SNOW	VENTOSO
SUNNY	HURACÁN
THUNDER	LLUVIA
WARM	NIEVE
WINDY	NUBLADO

Review Jumble: The translations in the word list below have been scrambled. Draw lines between the left and right columns to find the correct translations.

```
T L I O N I U B A B E G Ó N S X
A E A M E Í N G É L R Z O Q U T
O Ó E E P O U C E S L H E I M J
O N F X O E N V O R A I D B E I
G E F B P A H R Ó N E S R Ó R R
R O A A P M E Y T L A O A O Í A
I B R M M C E E E M A D P M G F
N D I I O A L P E N Í R O A Z A
O H G N L O H T X G A A E T U R
C H I M P A N Z E E E P L Ó R B
E H I E N A W A R T H O G P T E
R Ó E T F F A C Ó Q U E R O S C
O E X E R R F A N T Í L O P E E
N R L T T I H É E G M V Z I V O
T E S U M A T O P O P P I H A N
E D K N E D H C I R T S O Ó T R
```

ANTELOPE	HIPOPÓTAMO
BABOON	BABUINO
CHEETAH	GORILA
CHIMPANZEE	LEOPARDO
ELEPHANT	GUEPARDO
GIRAFFE	HIENA
GORILLA	ELEFANTE
HIPPOPOTAMUS	CHIMPANCÉ
HYENA	ANTÍLOPE
LEOPARD	RINOCERONTE
LION	JIRAFA
OSTRICH	LEÓN
RHINOCEROS	AVESTRUZ
WARTHOG	CEBRA
ZEBRA	FACÓQUERO

Review Time: Draw lines between the English word on the left and the corresponding translation on the right. Refer back to the original puzzle if you need help.

```
É E D T R A E B R A L O P T Z R
H O V Ü N A L Ó F D S L B F R W
O R O É C O N E J O S L É O A R
N O N I Ü G N I P G X E H F L O
U G R Ó R A J O E E D M P O D O
Y A H U T A L A N I O A E W T R
L L A A G A B R G M U C T A S R
É É C Ó R N R B U U A H A L C E
A I O Q Ü E A L I J A G U A R P
T C R I S R A C N T O R T G F Ü
Ó R R O O E X I Ü U I N I L E N
D U O S A N T T O L B T I G E R
I M Z T A B E I Ó O E T F T S H
E E H F A J G O N R T M E L U M
F T G E T G A S K A N G A R O O
P É E O É S O W E C T F A C M W
```

BAT	ALCE
CAMEL	PINGÜINO
CAT	TIGRE
DOG	LOBO
FOX	RATÓN
JAGUAR	MULA
KANGAROO	MURCIÉLAGO
MOOSE	CONEJO
MOUSE	JAGUAR
MULE	CANGURO
PENGUIN	GATO
POLAR BEAR	CAMELLO
RABBIT	OSO POLAR
TIGER	ZORRO
WOLF	PERRO

Review Jumble: The translations in the word list below have been scrambled. Draw lines between the left and right columns to find the correct translations.

```
N A T U G N A R O Í N O G O A R
C R O C O D I L E H L H S Í A H
W D N R A N O W L O Ú L C C T C
Á I M O F E T A S I Í B A N E L
O L K E O U C E Q I D S L M W O
L L A M A C R H U H T R S T A R
N A I Ú I P C C I O S N A P P Ú
O L O R I W W A R P A D O P B Á
S I E E D D Ú P R K M R R E E F
O S N P A O R A E A C U A A R V
N T Q C E M C M L U N V N O T R
E A E M U S S O P O E A G K A A
G D G S A H N I C R T T U N E U
R A O T Ú D N W K R Ú W T U I N
O P H R A E B K C A L B Á K I A
O O P U E R C O E S P Í N S D Í
```

BEAVER	MOFETA
BLACK BEAR	SERPIENTE
CHIPMUNK	OPOSUM
CROCODILE	ARDILLA
FROG	PUERCO ESPÍN
LLAMA	COCODRILO
OPOSSUM	OSO NEGRO
ORANGUTAN	RANA
OWL	CASTOR
PORCUPINE	RATA
RACCOON	LLAMA
RAT	ARDILLA LISTADA
SKUNK	BÚHO
SNAKE	MAPACHE
SQUIRREL	ORANGUTÁN

Review Time: Draw lines between the English word on the left and the corresponding translation on the right. Refer back to the original puzzle if you need help.

```
I  T  L  A  F  L  Í  E  C  T  S  K  S  T  G  E
R  C  A  S  R  O  M  E  N  R  Q  E  R  I  L  T
E  I  E  S  Z  Z  C  Ó  E  Í  A  E  Y  H  O  N
S  C  S  Q  U  I  D  A  T  D  Í  K  S  R  D  A
F  I  S  H  E  D  M  N  R  I  T  M  T  T  I  V
N  I  Y  U  A  N  E  L  L  A  B  U  Ó  R  Z  A
J  Ó  O  N  E  R  O  M  Í  S  G  U  A  O  A  G
E  Y  T  V  Í  D  K  N  U  A  E  T  R  Í  R  O
L  N  P  C  I  F  O  R  H  H  O  A  Z  Ó  R  B
L  H  R  A  R  R  L  S  T  U  R  T  L  E  N  E
Y  Í  Y  L  C  A  I  E  L  A  H  W  T  I  P  H
F  T  N  A  W  F  B  R  D  C  J  S  H  P  O  E
I  K  I  M  R  I  U  Í  H  R  B  P  O  Í  P  N
S  I  C  A  N  G  R  E  J  O  L  T  T  N  L  A
H  O  T  R  O  Ó  N  F  L  O  C  T  O  P  U  S
E  S  T  R  E  L  L  A  D  E  M  A  R  N  P  T
```

TURTLE	ORCA
CRAB	TORTUGA
DOLPHIN	CALAMAR
FISH	DELFÍN
JELLYFISH	BOGAVANTE
LOBSTER	TIBURÓN
OCTOPUS	PULPO
ORCA	OTARIA
SEA LION	CANGREJO
SEAL	FOCA
SHARK	PEZ
SQUID	MORSA
STARFISH	MEDUSA
WALRUS	ESTRELLA DE MAR
WHALE	BALLENA

85

Review Jumble: The translations in the word list below have been scrambled. Draw lines between the left and right columns to find the correct translations.

```
O E A N I R B O S E R D A P A A
H E G R A N D M O T H E R H B W
A O E W I A E A W U N C L E U U
B S J Ñ S E I R U Q W E H P E N
T S O I T I W E D G A E R V L Y
C S L N H N S H J L H Í N A A T
O P A D R E H T O D I T I H P Í
A H O P H Y R O E O J H E N O Q
O T N A L E F M F R A E C R E M
M I A I Ñ A B S A E E P E O L A
N Ñ M H T R H O M N T U L Í C Ñ
O A R H O D A B I I A E R T E Í
F A E T N U T R L H U M R N G E
N R H O N Í T I I B Í E H D T T
R E H T A F D N A R G A C Í A N
R E T S S E Ñ O E E E T E T U M
```

AUNT	MADRE
BROTHER	SOBRINO
CHILDREN	FAMILIA
DAUGHTER	HERMANA
FAMILY	HIJA
FATHER	TÍA
GRANDFATHER	TÍO
GRANDMOTHER	PADRE
MOTHER	ABUELA
NEPHEW	HIJO
NIECE	ABUELO
PARENTS	PADRES
SISTER	HERMANO
SON	SOBRINA
UNCLE	NIÑOS

Review Time: Draw lines between the English word on the left and the corresponding translation on the right. Refer back to the original puzzle if you need help.

```
É H N A O Y A L L F O F A P L T
F D E E A Q G C T V U E A Ñ F I
W W E W E I C Q U E N I E T A A
W A A A R T O D A Ñ U C F G T N
A L L L É T U E D N A B S U H G
L N A N N U S Ñ U W A D E N E H
N I V I I I I J I B N S A G R A
I R N R M R N F Y B P U L M I É
R E N E V O E O E O É B E B N Q
E H O T E I N H S Y D É P R L D
T T S S A C L A T P E I N O A Ñ
H O D I W R N I Ñ O O O R L W O
G R N S U E G R O I M M F A N É
U B A O O S R E Ñ S N R I R M A
A G R A N D D A U G H T E R N O
D H G K H S S O N S N Y T E P F
```

BROTHER-IN-LAW	NIETA
BABY	SUEGRA
BOY	NUERA
COUSIN	YERNO
DAUGHTER-IN-LAW	SUEGRO
FATHER-IN-LAW	NIÑA
GIRL	NIETO
GRANDDAUGHTER	ESPOSA
GRANDSON	CUÑADO
HUSBAND	PRIMO
MOTHER-IN-LAW	BEBÉ
SISTER-IN-LAW	NIÑO
SON-IN-LAW	MARIDO
WIFE	CUÑADA

Review Jumble: The translations in the word list below have been scrambled. Draw lines between the left and right columns to find the correct translations.

```
S W O L L O F O T W W U C T E A
T E R R L I T D D O R M I R S E
E I R E E L P C D T C A M I L I
B E R S V I P O O E O O R T O I
O G I H A O P A E M S H O E O A
T N U I R E S S G S E P E K Y P
S A G W E K O A N A A R E A R E
I H E L A T E N O Y R V E R R P
H C S O E F R W D T O N I C A O
A O A L T N O A G N I S O T C R
T T T M R I A T S R P C R T O U
N O Í Í B E R R K N I H T O T D
O T O W A I T I I N E H L R R O
W F R A T N A C A B L P N E L R
C A R Í T H P R E G U N T A R T
E E E O E W T A N V S X I D E T
```

TO ASK	SER
TO BE	COCINAR
TO CARRY	PAGAR
TO CHANGE	LEER
TO COOK	PREGUNTAR
TO EAT	CAMBIAR
TO FOLLOW	CANTAR
TO HEAR	ESPERAR
TO PAY	DORMIR
TO READ	VER
TO SEE	LLEVAR
TO SING	COMER
TO SLEEP	PENSAR
TO THINK	SEGUIR
TO WAIT	OÍR

Review Time: Draw lines between the English word on the left and the corresponding translation on the right. Refer back to the original puzzle if you need help.

```
O S H S H C U H A H R C O V O M
Q F R I N A E R A E E E B I N D
W M Q S G F C R N B L W W A T N
H F L T B E B E R B L F E J L A
T D H D O T T E R A J A B A R T
E N L L E S O T D A R X R R T S
T V H S T P P C N D B U S C A R
R E O T K O L E L A R A H S E E
A N E L R N F E A O H E A D K D
R D A N O F N I H K S Y N T A N
T E R S W T E L N O U E I S T U
N R A H O D T I I D T N S T O O
O R M C T H R U A N X O D O T T
C A O C O D A R E V A H O T A A
N M T T O L O O K F O R I N E V
E A D T T O T R A V E L V R R N
```

TO CLOSE	AMAR
TO COME	BUSCAR
TO DO	ENCONTRAR
TO DRINK	VENIR
TO FIND	HACER
TO HAVE	TOMAR
TO HELP	AYUDAR
TO LOOK FOR	HABLAR
TO LOVE	VENDER
TO SELL	BEBER
TO SPEAK	TENER
TO TAKE	CERRAR
TO TRAVEL	VIAJAR
TO UNDERSTAND	TRABAJAR
TO WORK	ENTENDER

Review Jumble: The translations in the word list below have been scrambled. Draw lines between the left and right columns to find the correct translations.

```
O  L  C  U  E  D  I  V  A  R  I  R  B  A  D  H
T  Y  T  R  A  M  I  E  E  A  N  I  E  N  P  H
E  V  A  E  L  O  T  D  S  C  G  X  E  B  D  T
L  H  K  L  A  W  O  T  O  R  U  N  S  E  A  S
B  Y  E  E  P  P  M  R  O  C  V  T  B  U  S  S
A  D  R  W  V  O  A  I  R  S  S  E  A  Q  S  P
E  A  E  R  O  I  T  A  A  B  R  W  I  U  T  F
B  P  A  D  T  O  G  O  P  N  R  S  L  E  E  R
O  R  C  U  M  U  T  O  E  O  H  E  A  R  T  T
T  E  O  T  J  C  N  O  T  J  E  J  R  E  E  N
O  N  M  O  R  T  A  J  B  O  G  I  R  R  D  H
D  D  P  O  R  S  W  M  I  U  W  O  N  K  O  T
A  E  R  P  I  E  O  R  I  A  Y  R  S  J  W  C
N  R  A  E  L  O  T  I  R  N  L  M  I  N  L  A
C  A  R  N  A  N  A  D  T  D  A  R  A  T  H  G
E  B  F  E  S  E  N  R  I  B  I  R  C  S  E  R
```

TO BE ABLE TO	DEBER
TO BUY	SALIR
TO DANCE	COMPRAR
TO GIVE	PODER
TO GO	CORRER
TO KNOW	BAILAR
TO LEARN	ESCRIBIR
TO LEAVE	ABRIR
TO OPEN	CAMINAR
TO OWE	IR
TO PLAY	QUERER
TO RUN	DAR
TO WALK	APRENDER
TO WANT	SABER
TO WRITE	JUGAR

Review Time: Draw lines between the English word on the left and the corresponding translation on the right. Refer back to the original puzzle if you need help.

```
T  H  I  B  G  R  I  Y  E  S  E  E  H  C  G  E
Ú  Y  N  N  I  G  Ú  H  A  H  C  U  N  H  Ú  Ú
D  D  A  C  T  D  M  O  C  D  E  J  S  O  V  M
D  A  E  R  B  O  I  E  C  V  N  O  G  C  E  A
S  L  L  O  R  E  L  R  O  W  E  T  G  O  G  O
A  L  Ú  A  L  O  K  S  U  G  A  R  T  L  E  S
Z  I  A  E  S  V  Z  C  H  O  C  O  L  A  T  E
I  U  A  A  T  C  E  D  U  E  L  S  O  T  A  U
L  Q  T  M  U  H  D  T  I  U  R  F  G  E  B  Q
A  E  A  A  E  G  W  E  A  P  P  E  T  G  L  R
T  T  S  K  D  A  A  A  D  A  L  A  S  N  E  A
R  N  S  U  C  Y  T  A  N  S  O  O  S  T  S  C
O  A  E  A  I  E  E  I  I  P  A  S  T  A  L  Ú
H  M  R  F  P  T  R  E  D  F  R  U  T  A  S  Z
T  N  T  R  E  A  D  E  T  A  B  E  D  Ú  R  A
E  F  N  D  H  S  E  T  O  E  E  T  B  H  M  R
```

BREAD	ENSALADA
BUTTER	AGUA
CHEESE	PAN
CHOCOLATE	ARROZ
EGGS	HARINA
FLOUR	CHOCOLATE
FRUIT	MANTEQUILLA
MEAT	LECHE
MILK	HORTALIZAS
PASTA	AZÚCAR
RICE	HUEVOS
SALAD	QUESO
SUGAR	PASTA
VEGETABLES	CARNE
WATER	FRUTAS

Review Jumble: The translations in the word list below have been scrambled. Draw lines between the left and right columns to find the correct translations.

```
S F Z L S O A C O O K I E S N R
A N E V O N P I M I E N T A G I
A E A T W N A E Y O G U R T M S
T H M E E T V D P K C A K E A N
A N I B O T N I O P I W E L E A
T E E U E H G E N B E V T L R B
P E L T R S A L F O I R E A C R
F O T S I V O I N R C E N G E I
H E T H R E L U N E K C I H C D
E I I A K I C H P D O Y W E I O
C U L Z Q A Q A W R D R R L P G
D O I S V A P H U O R V O A O A
R F O E A O U G B C E E S D R N
C S E X S P O O M Z C T Q O K C
A S O O I Y I I A Y E N O H U T
E R R E F W P O L L O K H U L I
```

BEEF	HELADO
BEER	MIEL
CAKE	PASTEL
CHICKEN	PIMIENTA
COOKIES	VACUNO
HONEY	GALLETAS
ICE CREAM	POLLO
LAMB	ACEITE
OIL	CORDERO
PEPPER	YOGUR
PORK	CERVEZA
SALT	SOPA
SOUP	CERDO
WINE	VINO
YOGURT	SAL

Review Time: Draw lines between the English word on the left and the corresponding translation on the right. Refer back to the original puzzle if you need help.

```
N  R  E  T  I  U  R  F  E  P  A  R  G  Ó  C  Ñ
E  S  H  A  S  P  T  N  A  L  P  G  G  E  U  N
N  E  Ñ  N  P  A  E  I  B  U  Á  E  T  Ó  E  H
Á  I  T  E  S  O  N  A  D  N  Á  R  A  P  Á  N
P  R  A  A  O  G  R  D  C  B  M  Ñ  F  E  A  A
O  R  B  A  N  I  T  M  Í  H  L  M  S  R  W  L
R  E  V  E  C  A  O  F  E  A  E  E  G  A  I  Q
A  B  M  O  R  S  R  N  N  L  Á  T  T  M  V  A
N  E  Q  N  I  E  O  G  Ó  A  O  E  Ó  Q  Ó  U
G  U  J  Á  S  M  N  N  E  C  R  N  L  G  R  G
E  L  O  A  E  T  J  J  I  M  I  A  Ó  B  S  R
N  B  S  L  P  U  A  R  E  H  O  R  N  Ñ  Ñ  A
P  I  N  E  A  P  P  L  E  N  N  P  U  J  E  N
L  E  Ñ  H  R  A  O  W  O  L  A  R  S  E  A  A
U  C  A  H  G  N  Ó  T  O  C  O  L  E  M  L  D
M  S  T  R  A  W  B  E  R  R  I  E  S  F  G  A
```

APRICOT	CIRUELA
BLUEBERRIES	PIÑA
EGGPLANT	UVAS
GRAPEFRUIT	BERENJENA
GRAPES	ALBARICOQUE
LEMON	ARÁNDANOS
MELON	PERA
ORANGE	SANDÍA
PEACH	MELÓN
PEAR	TORONJA
PINEAPPLE	LIMÓN
PLUM	GRANADA
POMEGRANATE	MELOCOTÓN
STRAWBERRIES	NARANJA
WATERMELON	FRESAS

Review Jumble: The translations in the word list below have been scrambled. Draw lines between the left and right columns to find the correct translations.

```
U O Í V N Í C A B A L A C U A A
S M V F R A M B U E S A S T S S
E E E Í T O M A T E Z R A O E A
E L P P A Í M S I A L M R M I Y
I Ó H A U A S R B O T E O A R E
A N R H N O R A P G D M M T R L
N C I Z S E L E Z R F I G O E L
A A A H B A Ó A E E L L D J B O
N N T P C F U V T E R Í O O K W
A T S H F C E Q L N E E G R C P
B A F D Ó C U X S P A I C E A E
R L R J L A E Z S E H C E C L P
N U H U R E D P E P P E R L B P
D P D A S E Q C M P A G R U P E
A O L L I R A M A E C L U D S R
B A N A N A C H E R R I E S A R
```

APPLE	pimiento DULCE ROJO
BANANA	MORAS
BLACKBERRIES	BANANA
CANTALOUPE	MANZANA
CHERRIES	HIGO
FIG	CEREZAS
GREEN PEPPER	CALABACÍN
LIME	pimiento DULCE AMARILLO
RASPBERRIES	FRAMBUESAS
RED PEPPER	CALABAZA
SQUASH	pimiento DULCE VERDE
TOMATO	MELÓN CANTALUPO
YELLOW PEPPER	TOMATE
ZUCCHINI	LIMA

Review Time: Draw lines between the English word on the left and the corresponding translation on the right. Refer back to the original puzzle if you need help.

```
C O L O C É R B N A A R J N S S
T O S P I N A C H C O N C S T H
Á S H O L X E A A L O E O E U E
R O C T R É V N F G B É E G E K
P I E A A G I I A O O B U A C O
A A L T G P L R L C H I N B U H
T C E O S O R L J E S C P B T C
A A R E C Á A P I A C R A A T I
T S Y S P C T T N P A H H C E T
A P O S B A O T O H F C U O L R
S A E P N E E R G R A I N G D A
W R L H N S G T B L R O W É A N
R A A Z A N A H O R I A E É A M
I G K J A T I M N N O D C Á É E
H U O A C R E W O L F I L U A C
E S C O L R I Z A D A W N M G F
```

ARTICHOKE	ALCACHOFA
ASPARAGUS	APIO
BEETS	CEBOLLA
BROCCOLI	COLIFLOR
CABBAGE	LECHUGA
CARROT	ESPÁRRAGO
CAULIFLOWER	BRÉCOL
CELERY	COL
GARLIC	ESPINACA
GREEN PEAS	GUISANTES
KALE	REMOLACHA
LETTUCE	ZANAHORIA
ONION	COL RIZADA
POTATOES	PATATAS
SPINACH	AJO

Review Jumble: The translations in the word list below have been scrambled. Draw lines between the left and right columns to find the correct translations.

```
É Ó T O T N E M A T R A P A L H
E Y C N C R O O F J U D A M A C
A A A M É C E E W N É A V N O H
D I B W S N N J E O N R T C O Y
M W E S P C H H A A D T I U É S
E B D A E W C I T R I N S É A A
M W A R D T É N T R A E I O P L
O O S S I O E G A R A G D W A A
O C E K E V R É E U C A I W R D
R D O L M M E M B O L C N T T E
G T A M T F E W I L R A A U M E
N L R J E E O N A T Ó S I M E S
I D R É E D A V T Y O A É B N T
V Ó F O F T O A T T L R E G T A
I A S Y M O O R G N I N I D E R
L M O O R D E B A T H R O O M É
```

APARTMENT	GARAJE
BASEMENT	ASEO
BATHROOM	VENTANA
BED	CÉSPED
BEDROOM	ENTRADA del garaje
DINING ROOM	CAMA
DRIVEWAY	TEJADO
FENCE	SEMISÓTANO
GARAGE	COCINA
HOUSE	CASA
KITCHEN	VALLADO
LAWN	APARTAMENTO
LIVING ROOM	DORMITORIO
ROOF	COMEDOR
WINDOW	SALA DE ESTAR

Review Time: Draw lines between the English word on the left and the corresponding translation on the right. Refer back to the original puzzle if you need help.

```
T Á A P O R E D A R O D A C E S
E G R I F O E E T E S T A I R S
Ó O O S C M C S Z E T M R Ó W H
W L D D A D H O S M L L B I A T
N I A T R U C T R E V I M I S C
F I R E P L A C E T R M O O H S
O H I B E N H A S C I D F T I Y
E E P A T I S O D N U N L A N Á
L D S Ñ M Ñ Á A G O M A A B G I
Á E A E U E N P R U M R F L M Ñ
M O N R V I O O U E O Ó P E A T
P E Ñ A C O D C B D L M C V C D
A R R S L O A R A Ñ A A E S H R
R E I M N V T V H L Ó G C E I Y
A P Á I C B A T H T U B E S N E
S H P I E L C H A N D E L I E R
```

BATHTUB	CHIMENEA
CARPET	CÓMODA
CHANDELIER	ARAÑA
CURTAIN	ASPIRADORA
DRESSER	LÁMPARA
DRYER	PISCINA
FAUCET	BAÑERA
FIREPLACE	ALFOMBRA
LAMP	CORTINA
SWIMMING POOL	MESA
STAIRS	INODORO
TABLE	ESCALERAS
TOILET	GRIFO
VACUUM	SECADORA DE ROPA
WASHING MACHINE	LAVADORA

Review Jumble: The translations in the word list below have been scrambled. Draw lines between the left and right columns to find the correct translations.

```
Y C G H B A O H N A L I R Ó A L
S H I B S N G Í N L B O I O L A
R A G T I A E U A D A H O M L A
F I C R N R C V O P U T G S I B
H R H R K O C E O U O C A Í S T
A C I U O H T R I D L L H E S R
L L M G I T R P I L L O W A S O
L O E M O A A S O I I D A O E D
W S N J D R H R J B S N J S R A
A E E R E W I A E N A E G E T L
Y T A W A R V F Ó G P V T F T I
Ó U O S O A O H Í S I L A V A T
G H H R V A C R E C D R U L M N
S E B A A L H O R N O E F H I E
R O L P O I R O T I R C S E T V
O R J C V L Ó O X D M C U K R P
```

CHAIR	ESCRITORIO
CEILING FAN	ALMOHADA
CHIMNEY	LAVABO
CLOSET	FRIGORIFÍCO
CRIB	GUARDARROPA
DESK	COLCHÓN
DISHWASHER	CHIMENEA
HALLWAY	LAVAVAJILLAS
MATTRESS	HORNO
MIRROR	VENTILADOR de techo
OVEN	DUCHA
PILLOW	CUNA
REFRIGERATOR	ESPEJO
SHOWER	SILLA
SINK	PASILLO

Review Time: Draw lines between the English word on the left and the corresponding translation on the right. Refer back to the original puzzle if you need help.

```
É  P  S  E  S  R  F  E  I  M  K  O  M  A  T  O
L  E  L  S  É  T  E  D  A  R  A  H  C  U  C  A
I  P  O  A  A  R  M  N  O  T  C  E  O  H  G  O
A  P  O  D  T  L  T  F  L  T  É  C  A  H  O  Y
S  E  W  I  N  E  G  L  A  S  S  O  N  P  C  E
E  R  A  M  L  T  A  B  L  E  S  P  O  O  N  R
M  S  E  R  V  I  L  L  E  T  A  A  O  C  E  U
E  W  E  H  A  E  F  I  N  K  R  D  P  É  U  E
D  E  A  R  C  H  O  V  N  P  N  E  S  I  C  P
A  M  C  L  G  T  C  L  T  I  E  V  A  É  L  V
R  A  O  R  B  Z  I  U  K  D  É  I  E  A  N  J
A  T  N  E  I  M  I  P  C  R  É  N  T  E  A  E
H  S  N  S  X  S  A  K  W  S  T  O  O  R  B  T
C  O  Z  L  D  N  T  E  N  E  D  O  R  O  A  L
U  R  E  O  É  R  U  A  I  C  G  A  W  Z  P  A
C  U  C  H  I  L  L  O  L  I  O  L  A  F  J  S
```

BOWL	PLATO
FORK	SAL
GLASS	CUCHILLO
KNIFE	COPA DE VINO
MUG	CUCHARA DE MESA
NAPKIN	CUCHARA DE TÉ
PEPPER	CUENCO
PITCHER	JARRA
PLATE	MANTEL
SALT	TAZA
SPOON	CUCHARA
TABLECLOTH	CRISTAL
TABLESPOON	PIMIENTA
TEASPOON	SERVILLETA
WINE GLASS	TENEDOR

Review Jumble: The translations in the word list below have been scrambled. Draw lines between the left and right columns to find the correct translations.

```
I R O D A L L I N R O T S E D T
C T A L I C A T E S A O O Á T D
I O U Á L U C H P P A R É I E A
N R O E E I S E E P D N O D É M
T E E T R A N M N A L I A N R D
A V É Z W C E R L H L L A V E K
M I A É I A A A O A D L T Á Q N
É R N L S A T R D T O O W D B N
T D S U L L L D R E Á O V A L C
R W R A T I E E H E L E V E L E
I E E Á A R R V D L I I L H Á Á
C R I S É E U D I N I S E C P E
A C L C V M N T T N A E Y N I T
U S P R É M R H O L C R F E Z A
T I J E R A S D E P O D A R T É
D N R W M H B A V O H B D W I E
```

BOLT	TUERCA
DRILL	LLAVE
HAMMER	TALADRO
LADDER	NIVEL
LEVEL	LÁPIZ
NAIL	MARTILLO
NUT	ARANDELA
PENCIL	DESTORNILLADOR
PLIERS	TORNILLO
SAW	SIERRA
SCREW	CINTA MÉTRICA
SCREWDRIVER	TORNILLO
TAPE MEASURE	ALICATES
WASHER	TIJERAS DE PODAR
WRENCH	CLAVO

REVIEW: CLOTHES 1

Review Time: Draw lines between the English word on the left and the corresponding translation on the right. Refer back to the original puzzle if you need help.

```
S T N D E T S D N C O R T O S H
G Z X Ó T R T R Y H S O Y U F S
O U S I I C N V M W A V É A T E
C S A M A J A P E T E T O R E O
A E L N R A P A A S E V O L G H
L N B S T E T B T R T H H H E S
C O O O R E R B M O S I X V I O
E L R D R O S T A O C I D T I E
T A N A C H V O W D L E D O H T
I T O Z E I T K C E N O L S I L
N N Z L Y E N A N K S A A A S K
E A M A J I P T B L S S F T H S
S P C C I N T U R Ó N A E U A C
T I É R W L O E O É O G I R B A
T T O A E T H P Z N N D W E D R
R E T B T A D L D N T É L L B F
```

BATHROBE	VESTIDO
BELT	ABRIGO
COAT	CHALECO
DRESS	PANTALONES
GLOVES	BUFANDA
HAT	PIJAMA
NECKTIE	CALCETINES
PAJAMAS	SUÉTER
PANTS	CORBATA
SCARF	GUANTES
SHOES	ALBORNOZ
SHORTS	CALZADOS
SOCKS	pantalones CORTOS
SWEATER	CINTURÓN
VEST	SOMBRERO

Review Jumble: The translations in the word list below have been scrambled. Draw lines between the left and right columns to find the correct translations.

```
T L X W R B D P F Y T T O D G E
A Y O B O O T S O E T R B N E O
S U I T P W S E T N A R I T N R
S R A D A T D S E E A H I K T E
S S S S W I M S U I T L E H S L
I I S U J E T A D O R I W T S O
W E S S S E T E L A Z A R B S J
P V C H A P T C E S S A I U G D
O A O A I N E S A I J D S N K E
A Q J W L O D N M E N L T D J P
W U C A E K D A D E A A W E T U
C E O B R A C E L E T F A R U L
C R L R L I B E Ñ S R N T W S S
R O L I N A T A N H S S C E T E
Ñ S A A Ñ E J A R T L R H A L R
Q S R O I R E T N I A P O R H A
```

WRIST WATCH	SANDALIAS
BOOTS	PAJARITA
BOW TIE	ROPA
BRA	TRAJE
BRACELET	BRAZALETE
CLOTHING	COLLAR
JEANS	CAMISA
NECKLACE	ROPA INTERIOR
SANDALS	BOTAS
SHIRT	RELOJ DE PULSERA
SKIRT	TRAJE DE BAÑO
SUIT	FALDA
SUSPENDERS	VAQUEROS
SWIM SUIT	TIRANTES
UNDERWEAR	SUJETADOR

Review Time: Draw lines between the English word on the left and the corresponding translation on the right. Refer back to the original puzzle if you need help.

```
H V K C I T S P I L O T W M E R
S E S N E L T C A T N O C G A E
A M E C O L U T O R I O A C N A
W U E S E P N O A N C T D I D O
H F J D C E E T P R H H E W E N
T R A R D H I R E A C P N H N A
U E L O A E S Y F E O A T A T M
O P L Z F Ú R U P U O S Í S A E
M I I A O D P I R E M T F H L D
H Ó U R R I L M B B A E R A F R
E E Q I Y L A M A S H E I M L O
T N A R O D O E D H I T C P O D
N H M T T C O N T A C T O O S A
T S A Í P I N T A L A B I O S C
B Ó Í D H D E S O D O R A N T E
N V T P U E K A M R N Ó B A J S
```

COMB	COLUTORIO
CONTACT LENSES	HILO DENTAL
DENTAL FLOSS	PEINE
DEODORANT	PINTALABIOS
HAIR DRYER	CHAMPÚ
LIPSTICK	JABÓN
MAKEUP	PERFUME
MOUTHWASH	maquinilla de AFEITAR
PERFUME	DESODORANTE
RAZOR	MAQUILLAJE
SHAMPOO	CEPILLO de dientes
SOAP	lentes de CONTACTO
TOOTHBRUSH	DENTÍFRICO
TOOTHPASTE	SECADOR DE MANO

Review Jumble: The translations in the word list below have been scrambled. Draw lines between the left and right columns to find the correct translations.

```
E N N L R T S A I R P O R T S L
O S T A D I U M L S M U S E O B
D C B T M U E S U M T E G W S O
A C D I N E H E S T A D I O L M
C O R P O S T O F F I C E V F B
R L E S T U U T S R W R E I A E
E E O O R O E P B P R D R N W R
M G F H E H F S E O I E A Ó E O
R I S L U T C I C R S T D E F S
E O Z I P H N E C T M E A F A K
P R A B O G D E A I T A I L R A
U A C O R I O T U R N C R L M N
S F L A E L I Ó E P E A N K D R
N A N N A O T N E M T R A P E D
E J I O N O I T A T S N I A R T
A T B A M J I D U X I N N L D N
```

AIRPORT	estación DE TREN
BAR	grandes ALMACENES
BRIDGE	OFICINA
DEPARTMENT store	GRANJA
FARM	HOSPITAL
FIRE STATION	SUPERMERCADO
HOSPITAL	PUENTE
LIGHTHOUSE	COLEGIO
MUSEUM	MUSEO
OFFICE	BAR
POST OFFICE	AEROPUERTO
SCHOOL	FARO
STADIUM	oficina DE CORREOS
SUPERMARKET	ESTADIO
TRAIN STATION	parque de BOMBEROS

Review Time: Draw lines between the English word on the left and the corresponding translation on the right. Refer back to the original puzzle if you need help.

```
Z E U Q R A P F T Y S S F N E Í
C A S T I L L O R R Í N O A L A
E Í S F N H O A H R H I C Í T Í
B L U A S A R R H S T L A R S R
E F W N E B R E T A E H T E A A
T Y G K I T I U T A O E D T C S
I C R L O V N S A P E A F E E I
D A Y P I L E A E T D T S F T M
P M E H E C I R R I S Y T A O O
B R A T I C A H S U T E O C I C
A A O L A H A R C I A C R H L N
N H O M O R E H L U T T E A B A
K P R U B V O O T G D Y S Y I B
T A S O I R E T N E M E C E B I
F E R N R C H E C E M E T A R Y
I P U E R T O L S D T I E N D A
```

BANK	CASTILLO
CASTLE	TEATRO
CEMETARY	RESTAURANTE
COFFEE SHOP	OPERA
HARBOR	BANCO
HOTEL	UNIVERSIDAD
LIBRARY	PUERTO
OPERA HOUSE	HOTEL
PARK	BIBLIOTECA
PHARMACY	FARMACIA
POLICE STATION	CAFETERÍA
RESTAURANT	COMISARÍA de policía
STORE	PARQUE
THEATER	TIENDA
UNIVERSITY	CEMENTERIO

Review Jumble: The translations in the word list below have been scrambled. Draw lines between the left and right columns to find the correct translations.

```
V A P A R C A M I E N T O Á X N
A S Ú A O N E W A Y S T R E E T
E M Ú A R E N I L O S A G I L V
T N E D I C C A L E U M Ó F I Á
A O A A A U T O M Ó V I L E B T
T S L L R R S Á R E H N P N O G
E A D G A E F U L Ú I Ó O I M A
L A U F N O T C B A M I T L O S
C L F T R I Y E O D T M S O T O
I I I O O C K C R A U A S S U L
C D A R R B I R T R Á C U A A I
O D T O R F Ú S A A A Á B G C N
T F T Y Á A S S R P K C U R T A
O O K R E A C C I D E N T E D E
M S T H G I L C I F F A R T E R
Á L O N T Ó N T R O T Q T E X S
```

AUTOMOBILE	calle de un SOLO SENTIDO
ACCIDENT	APARCAMIENTO
BUS	CAMIÓN
BUS STOP	CARRIL
GAS STATION	ACCIDENTE
GASOLINE	AUTOMÓVIL
LANE	SEMÁFORO
MOTORCYCLE	MOTOCICLETA
ONE-WAY STREET	PARADA de autobús
PARKING LOT	TRÁFICO
ROAD	GASOLINA
TRAFFIC LIGHT	GASOLINERA
TRAFFIC	AUTOBÚS
TRUCK	CARRETERA

Review Time: Draw lines between the English word on the left and the corresponding translation on the right. Refer back to the original puzzle if you need help.

```
O  W  R  O  Ó  S  B  Z  T  T  Y  I  S  B  E  K
E  O  N  A  C  B  B  I  C  I  C  L  E  T  A  N
I  S  U  B  L  O  O  H  C  S  A  A  C  Í  C  A
W  C  C  A  N  O  A  M  N  Y  M  V  C  Í  E  T
H  O  H  Ú  A  E  C  Í  B  B  C  I  I  R  F  R
N  E  N  O  W  Í  E  S  U  E  L  L  O  Ó  E  A
Í  H  L  T  V  Y  O  L  E  O  R  D  E  T  N  C
T  A  E  I  A  E  A  N  P  S  E  O  P  F  I  E
C  M  I  W  C  N  R  E  I  S  Ú  O  S  I  R  C
I  B  B  R  C  Ó  D  C  L  R  C  B  Ú  R  A  I
T  U  A  I  P  E  P  I  R  I  A  N  O  E  M  L
S  L  A  R  H  L  Z  T  L  A  I  M  N  T  B  O
N  A  Ú  C  C  A  A  E  E  A  F  E  B  R  U  P
I  N  O  T  D  O  H  N  R  R  R  T  O  U  S  A
A  C  C  O  M  B  A  T  E  T  O  R  A  C  S  W
F  E  R  R  Y  R  R  E  F  E  Y  O  T  K  A  A
```

AIRPLANE	HELICÓPTERO
AMBULANCE	camión de BOMBEROS
BICYCLE	TREN
BOAT	CANOA
CANOE	METRO
FERRY	COCHE DE POLICÍA
FIRE TRUCK	BARCO
HELICOPTER	AMBULANCIA
HOVERCRAFT	AUTOBÚS ESCOLAR
POLICE CAR	AVIÓN
SCHOOL BUS	SUBMARINO
SUBMARINE	carro de COMBATE
SUBWAY	BICICLETA
TANK	FERRY
TRAIN	AERODESLIZADOR

Review Jumble: The translations in the word list below have been scrambled. Draw lines between the left and right columns to find the correct translations.

```
Ñ  Q  P  O  R  T  U  G  U  E  S  E  O  D  D  H
F  A  A  E  I  A  I  G  E  T  E  I  N  A  E  W
R  L  H  S  I  N  A  P  S  E  O  E  R  B  E  H
E  U  V  E  É  N  Á  P  Í  H  G  E  R  M  A  N
N  E  S  Á  G  U  A  M  C  N  F  E  A  L  T  O
C  R  E  S  G  A  G  I  E  O  W  N  E  T  N  H
H  V  S  R  I  M  B  U  L  L  D  B  N  A  K  L
V  I  E  T  N  A  M  I  T  A  A  I  E  Á  O  G
A  E  N  V  R  N  N  F  R  R  T  R  Z  Ñ  R  S
K  T  A  A  J  D  R  Í  Á  A  O  I  A  Í  E  Q
É  N  P  M  E  A  N  F  L  C  P  P  S  E  A  G
Í  A  A  A  N  R  P  I  K  N  S  O  É  A  N  R
S  M  J  C  U  I  A  O  R  E  D  L  L  H  O  I
V  E  É  S  F  N  Í  P  N  Í  T  I  G  A  R  E
H  S  F  M  O  S  U  R  E  É  N  S  N  H  C  G
O  E  N  G  L  I  S  H  H  É  S  H  I  A  U  O
```

ARABIC	ÁRABE
ENGLISH	ITALIANO
FRENCH	RUSO
GERMAN	MANDARÍN
GREEK	POLACO
ITALIAN	GRIEGO
JAPANESE	HEBREO
KOREAN	ALEMÁN
MANDARIN	VIETNAMITA
POLISH	JAPONÉS
PORTUGUESE	COREANO
RUSSIAN	ESPAÑOL
SPANISH	INGLÉS
HEBREW	FRANCÉS
VIETNAMESE	PORTUGUÉS

Review Time: Draw lines between the English word on the left and the corresponding translation on the right. Refer back to the original puzzle if you need help.

```
E E L E C T R I C I S T A L T S
K E L D A A D O C T O R X I S P
I L O E Í T R E Q T Q R Í N I O
E A P N C B D P C U E N B G R L
Q W Í T I T I E I E G U A E T I
X Y H I L L R T N N N R E N A C
I E O S O S E I E T T S I I I E
H R O T P C G N C A I E V E H O
K E B T T N F E I I U S R R C F
I T O O E E T U F P A A T O Y F
F N M P R I Q Y C E I N C A S I
P E B M H I E H S A H L L T P C
P P E C S H E O R O T C O D O E
W R R P R F I R E F I G H T E R
A A O D A G O B A C T O R D O T
Í C E U S L A Y H Í O E O A I E
```

ACTOR   ELECTRICISTA
ARCHITECT   oficial de POLICÍA
CARPENTER   BOMBERO
CHEF   INGENIERO
DENTIST   ENFERMERA
DOCTOR   CARPINTERO
ELECTRICIAN   ARQUITECTO
ENGINEER   PSIQUIATRA
FIRE FIGHTER   ACTOR
LAWYER   CHEF
NURSE   PILOTO
PILOT   ABOGADO
POLICE OFFICER   DENTISTA
PSYCHIATRIST   DOCTOR

REVIEW: PROFESSIONS 2 (108)

Review Jumble: The translations in the word list below have been scrambled. Draw lines between the left and right columns to find the correct translations.

```
A  N  A  Q  M  P  N  A  I  C  I  T  I  L  O  P
C  A  D  R  O  R  E  C  I  N  R  A  C  C  C  O
C  I  E  N  T  Í  F  I  C  O  S  M  I  O  I  L
O  C  E  T  S  I  R  O  L  F  E  D  D  H  N  Í
U  I  F  T  I  R  S  I  A  C  É  A  E  Ú  Á  T
N  S  A  O  T  T  A  T  H  M  U  L  M  T  C  I
T  U  I  O  N  T  O  A  A  B  B  F  A  P  E  C
A  M  E  M  E  T  N  R  O  A  Ú  L  R  D  M  O
N  R  A  J  I  I  A  A  T  R  N  O  A  T  R  R
T  Í  O  T  C  P  E  N  T  B  F  R  P  T  E  E
T  B  R  S  S  T  O  N  E  E  S  I  F  H  B  C
L  T  L  A  E  C  E  L  S  R  L  S  C  I  R  N
G  K  H  L  L  F  S  S  H  O  O  T  T  W  A  A
R  I  H  U  E  I  O  H  L  M  U  A  A  U  B  D
A  T  S  I  T  R  A  R  E  B  M  U  L  P  P  É
A  O  C  I  S  Ú  M  B  P  O  E  R  T  S  A  S
```

ACCOUNTANT	PARAMÉDICO
ARTIST	ARTISTA
ATHLETE	MÚSICO
BARBER	FONTANERO
BUTCHER	SASTRE
DANCER	BAILARÍN
FLORIST	MECÁNICO
MECHANIC	CARNICERO
MUSICIAN	FLORISTA
PARAMEDIC	CONTABLE
PLUMBER	PROFESOR
POLITICIAN	ATLETA
PROFESSOR	CIENTÍFICO
SCIENTIST	POLÍTICO
TAILOR	BARBERO

Review Time: Draw lines between the English word on the left and the corresponding translation on the right. Refer back to the original puzzle if you need help.

```
L S W I G P P E S C A D O R F J
V R N X J D O O N T A I A N A O
P E Y A Ú O L R R H R R D Y R Y
O L T T T D U A E A E T T T M E
L E H E A S N R N N S C F E E R
R W Ú D R S I I N I I A T N R O
B E O R L I R D C A R D A D R O
U J I A E E N A O M L M R E É T
S S T R T V M A A I R I J A N F
D O B E R R I C R E R N S U J T
R L V C A A É R H I A E W T É É
I D N H O U C S D R A E P O R L
V I P É T É I L G I N N D B C É
E E W I E F I G I E X G I Ú H T
R R C R E N E D R A G A W S H E
R O T C U D A R T M M É T G A I
```

BUS DRIVER	SOLDADO
FARMER	FARMACÉUTICO
FISHERMAN	PERIODISTA
GARDENER	PESCADOR
JEWELER	conductor DE TAXI
JOURNALIST	TRADUCTOR
MAIL CARRIER	GRANJERO
PHARMACIST	CARTERO
SOLDIER	JOYERO
TAXI DRIVER	conductor DE AUTOBÚS
TRANSLATOR	JARDINERO
VETERINARIAN	VETERINARIO

Review Jumble: The translations in the word list below have been scrambled. Draw lines between the left and right columns to find the correct translations.

```
Á Y U O Y M Á E D I O R E T S A
O O E U R A L O S A M E T S I S
Á R M L U M A R T E O T T L Y O
T E M O C D T A R N H I Ó A U T
N A A P R T R C U B R P N G R D
Ó U R L E N U T P E N U Ó M A C
T T S U M R P T T A L J T S N Ú
E A D T I E O Á E O G Ú U A U Z
Á G W O N A R U C S I P L Á S M
H A X J C C I W E O A I P U T V
K A V T A R E G Á P M T N H M E
T R E E C C A E N M H E U T O V
Y Z A C N G J T R I V R T R O T
R A T T S U T I E R R A E A N E
E Ó E O O A S T E R O I D E T O
S O L A R S Y S T E M K R Ú J D
```

SOLAR SYSTEM	URANO
MERCURY	ASTEROIDE
VENUS	TIERRA
EARTH	CRÁTER
MOON	VENUS
MARS	NEPTUNO
JUPITER	MARTE
SATURN	JÚPITER
URANUS	SOL
NEPTUNE	MERCURIO
PLUTO	SATURNO
SUN	PLUTÓN
CRATER	LUNA
ASTEROID	COMETA
COMET	SISTEMA SOLAR

Review Time: Draw lines between the English word on the left and the corresponding translation on the right. Refer back to the original puzzle if you need help.

```
O H D A E H N Ó E D R O C A S A
L W A R E N I R U O B M A T G F
E R B R U S O R A O H C R E A L
C I Í A P H A B B Í I C P R C A
N T S T G T D Í M N R J A E I U
O T T I I P Y N O O A E L D I T
L D R U M S I M Í U R L T N O A
O A G G Ó T R P R L O T M A T C
I T O S F A L N E T O N C P B C
V E N O H P O X A S R I A P A O
I P A T I A G W P Q N O V I V R
O M I T F A S T S Ó O O M Q P D
L O P L U T R U M P E T M B T I
I R U T D B L R T E N Q U F Ó O
N T B O T S A X O F Ó N O B E N
E Í H E S Ó V D K C A E I E A O
```

ACCORDION	TUBA
BAGPIPES	BATERÍA
CELLO	PIANO
DRUMS	ARMÓNICA
FLUTE	GAITA
GUITAR	ARPA
HARMONICA	FLAUTA
HARP	GUITARRA
PIANO	ACORDEÓN
SAXOPHONE	VIOLONCELO
TAMBOURINE	PANDERETA
TROMBONE	TROMPETA
TRUMPET	SAXOFÓN
TUBA	TROMBÓN
VIOLIN	VIOLÍN

113

Review Jumble: The translations in the word list below have been scrambled. Draw lines between the left and right columns to find the correct translations.

```
A  N  G  R  Y  E  T  E  Í  E  D  A  I  D  E  A
P  T  Í  W  O  Í  Ó  V  W  D  E  I  R  R  O  W
D  R  N  T  R  I  S  T  E  Í  S  D  N  T  C  P
E  M  O  C  I  Ó  N  P  M  U  I  E  A  N  R  T
S  A  S  U  S  T  A  D  O  A  R  T  F  E  T  T
S  A  C  A  D  O  E  V  C  V  P  I  O  D  H  M
A  O  O  Í  D  R  R  O  I  D  R  C  T  I  C  C
R  E  N  O  O  E  W  O  O  I  U  X  E  F  O  A
R  D  T  B  N  R  S  E  N  P  S  E  W  N  N  B
A  V  E  R  G  O  N  Z  A  D  O  D  F  O  F  U
B  A  N  R  H  F  I  D  D  H  T  U  E  C  U  R
M  R  T  M  A  E  O  T  O  D  S  Í  B  N  N  R
E  Y  O  D  P  C  A  C  O  E  Y  H  M  E  D  I
G  L  A  E  P  I  S  I  D  M  A  S  Y  I  I  D
Í  D  N  S  Y  S  O  R  P  R  E  N  D  I  D  O
O  S  E  G  U  R  O  S  O  L  L  U  G  R  O  O
```

EMOTION	EMOCIÓN
HAPPY	ASUSTADO
SAD	PREOCUPADO
EXCITED	EMOCIONADO
BORED	CONFUNDIDO
SURPRISED	SEGURO
SCARED	ABURRIDO
ANGRY	NERVIOSO
CONFUSED	TRISTE
WORRIED	ORGULLOSO
NERVOUS	ENFADADO
PROUD	SORPRENDIDO
CONFIDENT	AVERGONZADO
EMBARRASSED	CONTENTO
SHY	TÍMIDO

Review Time: Draw lines between the English word on the left and the corresponding translation on the right. Refer back to the original puzzle if you need help.

```
S A T O S H R D I A R R E A G H
K P I B J E I E K O R T S Á R B
T S M O E A T F V X E R B E I F
A D R A R D E E B E S N E A P Ó
Z T I R R A O C B E F B H J E O
E A H A Ó C T H A A R D H S U E
B E I F B H H L S L I S O U N D
A S L N E E L T N A A D E A Ó B
C U F G F E T O L R D M U Z I D
E Á Y P R E S E P T O S B Ó C L
D N B G V E C U S J E N D R C O
R L Y F B I L T L A R B E R E C
O R L L R L A A I G R E L A F S
L T E A I G A R R O M E H S N T
O E V D X A H I S A N A D H I E
D X O P N E K C I H C O U G H T
```

ALLERGY	CALAMBRES
CHICKENPOX	derrame CEREBRAL
COLD	DIARREA
COUGH	VARICELA
CRAMPS	TOS
DIABETES	NÁUSEA
DIARRHEA	ALERGIA
FEVER	INFECCIÓN
FLU	SARPULLIDO
HEADACHE	DOLOR DE CABEZA
INFECTION	DIABETES
NAUSEA	RESFRIADO
NOSEBLEED	FIEBRE
RASH	HEMORRAGIA nasal
STROKE	GRIPE

Review Jumble: The translations in the word list below have been scrambled. Draw lines between the left and right columns to find the correct translations.

```
E U O B L A M K S P M U M C I S
F E I U C O N C U S S I O N R S
O H C R O G A M Ó T S E R I H A
Q E E N I A R G I M D P E A R R
O A N Ó I P M A R A S I T R E E
A R C I A U A P M A Ñ L Ó P U P
U T H C E Ñ G R G S E E N S E A
M A K O I P A S U S A P T Q R P
A T S M R D I R E T T S B U U C
Ó T V N T T E L G N C I D V T Ó
B A A O I V S N E I Ó A H A C D
R C S C W A I D T P M Z R V A A
U K W T E N I R H E S N A F R D
I N U M H C F S U A R Y I R F A
S C N E C M S Q N S Z E T R O C
E H C A H C A M O T S U R I V C
```

ACCIDENT	dolor de ESTÓMAGO
ASTHMA	FRACTURA
BRUISE	MIGRAÑA
BURN	ACCIDENTE
CONCUSSION	CONMOCIÓN cerebral
CUT	VIRUS
EPILEPSY	CORTE
FRACTURE	QUEMADURA
HEART ATTACK	ataque al CORAZÓN
MEASLES	ESGUINCE
MIGRAINE	ASMA
MUMPS	PAPERAS
SPRAIN	SARAMPIÓN
STOMACH ACHE	EPILEPSIA
VIRUS	MORETÓN

Review Time: Draw lines between the English word on the left and the corresponding translation on the right. Refer back to the original puzzle if you need help.

```
Ó É W H A T T I M E I S I T H K
E B R H R T E T O Ó A C H C P A
E N I R E S N H A T N Ó U P U I
D R Á H Ó N A D Ó H W M E O E C
C R A L T S Á S O W W O Y R D N
F T A E T N W W O O H E B Q E A
W A M F C N R H H T R S E U S T
C N H Z W É M O E A N T C E A S
P I R S U O T S W R E Á A É Y I
E E O Q U É H O R A E S U F U D
O Q E Ó I O H W T E E Q S C D É
E U D O W R N H D N R O E O A U
Q I D M C U Á N D O Á V K S R Q
S É A Ó O Ó Ó S P E T U E G M A
E N R C W D Y E Ó É D C C Ó E A
Y H W E M P L E H U O Y N A C U
```

BECAUSE	CÓMO
HOW	PORQUE
HOW ARE YOU	QUÉ
HOW FAR	QUÉ HORA ES
HOW MANY	POR QUÉ
HOW MUCH	CÓMO ESTÁS
CAN YOU HELP ME	DÓNDE
WHAT	QUIÉN
WHAT TIME IS IT	A QUÉ DISTANCIA
WHEN	CUÁNDO
WHERE	CUÁNTOS(AS)
WHO	PUEDES AYUDARME
WHY	CUÁNTO

Review Jumble: The translations in the word list below have been scrambled. Draw lines between the left and right columns to find the correct translations.

```
B E B I D A R C O M E R R B P W
S O N I V E D A T R A C R C R A
A P W S R D S Ú T D E E U E O X
T L M N T E Ú R O N A R N N P L
E A A I C S T T U K E N A A I L
L T P K A S A I F O I U E M N U
L O P P P E Z A A D C Ú C F A N
I P K A E R S C V W L N T A A C
V R T N R T H E B I L L I L L H
R I S O I C I V R E S E M A E T
E N I N T R O Z M E N U N W M D
S C L A I S D T E Q E R T S O P
L I E F V S M O O R T S E R F A
D P N R O A F E Z Ú T S G U P T
W A I N O S E O N U Y A S E D S
N L W N N K D F N Ú T L G R E E
```

APPETIZER	LA CUENTA
BREAKFAST	CENA
DESSERT	CAMARERO
DINNER	POSTRE
DRINK	PROPINA
EAT	PLATO PRINCIPAL
LUNCH	APERITIVO
MAIN COURSE	BEBIDA
MENU	SERVICIOS
NAPKINS	MENÚ
RESTROOMS	SERVILLETAS
THE BILL	CARTA DE VINOS
TIP	COMER
WAITER	ALMUERZO
WINE LIST	DESAYUNO

Review Time: Draw lines between the English word on the left and the corresponding translation on the right. Refer back to the original puzzle if you need help.

```
R E T L E T O H E S U M Y G N A
D I M E G A G G U L N K R G P M
P N R E C E P C I Ó N E R A A A
É T A B V I A E I M P Y P N N C
P E E L R L V C É A N E T S T S
I R F L L U A R P É L A E A U L
O N T A E T T T E H S N S I A N
N E O E I V E S I S O U T I O O
R T J B L L I G I I M E I M O I
B E A A I E I S C D V O O T N T
O H I O P É V A I A T L O T E P
A L T H N I T I L Ó E O E R E E
A E E I É I U L S S N R N L M C
E T C W B E D Q T I N M O O R E
Ó O N A O Y R A E E O E Ó F D R
A H H G D T R S T E K N A L B R
```

BED	HABITACIÓN
BLANKETS	HOTEL
DO NOT DISTURB	LLAVE
GYM	GIMNASIO
HOTEL	TELEVISIÓN
INTERNET	INTERNET
KEY	PAPEL HIGIÉNICO
LUGGAGE	servicio de HABITACIONES
RECEPTION	NO MOLESTAR
ROOM	SUITE
ROOM SERVICE	EQUIPAJE
SUITE	MANTAS
TELEVISION	RECEPCIÓN
TOILET PAPER	TOALLA
TOWEL	CAMA

Review Jumble: The translations in the word list below have been scrambled. Draw lines between the left and right columns to find the correct translations.

```
N B T R A E C I E N C I A Ú N M
T G E O G R A P H Y B S O U E A
T N O H I S T O R I A S E D S T
B I O L O G Y E O Í A L I Ú N E
R R Í O H D A L F M T C Y M A M
S E H H E K O A O S I H I A E Á
I E C A Í G R I C N P T S T C T
F N G D Í G D I E O Í O S H O I
Í I G A O I M Á S P I R E E N C
S G L E U O A O E C H M N C O A
I N G O N G L A O L I Y I N M S
C E H O S I N G C S M N S E Í S
A W C O H O E A T I U A U I A O
L E A P I N F R L V S N B C C D
H I S T O R Y Í Í L I Ú Ú S M S
A M E D I C I N A A C I M Í U Q
```

ART	QUÍMICA
BIOLOGY	INGENIERÍA
BUSINESS	CIENCIA
CHEMISTRY	ECONOMÍA
ECONOMICS	MÚSICA
ENGINEERING	IDIOMAS
GEOGRAPHY	GEOGRAFÍA
HISTORY	MATEMÁTICAS
LANGUAGES	ARTE
MATH	BIOLOGÍA
MEDICINE	FÍSICA
MUSIC	HISTORIA
PHILOSOPHY	MEDICINA
PHYSICS	FILOSOFÍA
SCIENCE	NEGOCIOS

Review Time: Draw lines between the English word on the left and the corresponding translation on the right. Refer back to the original puzzle if you need help.

```
N Ó I C A C I L P I T L U M R R
A D I C I Ó N A E D A L G E R A
T P R K A T E J I L N C L Ó M L
F E D R T C E V V O L U M E U U
R R F N R E I M I L R A G I L C
A P A É O S C T H H N E R N T I
C E O C I I C U É T O W O A I D
C N G Ó T A S O A M I I Í R P N
I D N A R I L I E C T R S E L E
Ó I O T T E O T V A I I A S I P
N C B I L N R N U I D Ó R T C R
M U H A P Í E Q N E D P N A A E
S L R R A E E C Í L A Á H E T P
X A G E O M E T R Y R N N A I T
P R A A E J A T N E C R O P O Í
Z N E M U L O V A O P V J A N I
```

ADDITION	ADICIÓN
AREA	ECUACIÓN
ARITHMETIC	DIVISIÓN
DIVISION	ARITMÉTICA
EQUATION	PARALELO
FRACTION	MULTIPLICACIÓN
GEOMETRY	PERPENDICULAR
MULTIPLICATION	ÁREA
PARALLEL	GEOMETRÍA
PERCENTAGE	FRACCIÓN
PERPENDICULAR	RESTA
RULER	PORCENTAJE
SUBTRACTION	REGLA
VOLUME	VOLUMEN

Review Jumble: The translations in the word list below have been scrambled. Draw lines between the left and right columns to find the correct translations.

```
C T M E O B A G G A G E U Z Y Z
E U G E P S E D E Q U I P A J E
A E S F L G E R A S O L W I I F
I T H T Ó T O C L Ó T N I R S F
F N E N O P E A U E U N L P Q O
L A T R U M V R R R T L D O S E
E E D E R I S M M E I O E R A K
T A R E R I I T R I M T H T D A
R T N R P N Z N E E N F Y T I T
O R A A A A A S A D A G E L L
P O C L U C R T J O A R L K A W
A P I L I D I T I E S C R C S Ó
S S O O I C A M U O Y R T I M P
A S N I R F A I C R N I S T E H
P A A T B I L L E T E A V I Ó N
L P L D A D I R U G E S L N T T
```

AIRCRAFT	DESPEGUE
AIRPORT	SEGURIDAD
ARRIVALS	TERMINAL
BAGGAGE	INTERNACIONAL
CUSTOMS	NACIONAL
DEPARTURES	SALIDAS
DOMESTIC	AEROPUERTO
INTERNATIONAL	AVIÓN
PASSPORT	LLEGADAS
RUNWAY	BILLETE
SECURITY	ADUANA
TAKEOFF	PASAPORTE
TERMINAL	pista de ATERRIZAJE
TICKET	EQUIPAJE

Review Time: Draw lines between the English word on the left and the corresponding translation on the right. Refer back to the original puzzle if you need help.

```
B R E Y B N M O U E T N E O T D
N U W S H E E P U R D T F O Y A
R O R O R R R H E S A L F U P S
C S I R D O N K E Y T R L H R H
Y A O H O O H O O K S F O L E N
V H B S N L L T H G C T N N C D
C C T R D L T A I L L U B M A L
H E U E A O E P Y C E R D O I I
R S T B J P E G F C T K R E O G
H O A E E A S P O R C E E U A O
L C O N V V R R A E M Y W L E W
I A G N O O D C C R N O L F O E
K I F E N E T R A C T O R L L N
Z R D E R O U F V R N R O P A T
P Q R O R E J N A R G O A I V I
N E K C I H C R Q H Y T E E L E
```

BULL	PATO
CHICKEN	CERDO
COW	TORO
CROPS	GRANJERO
DONKEY	VACA
DUCK	GALLO
FARMER	COSECHAS
GOAT	CORDERO
HORSE	CABALLO
LAMB	BURRO
PIG	POLLO
ROOSTER	TRACTOR
SHEEP	PAVO
TRACTOR	OVEJA
TURKEY	CABRA

Review Jumble: The translations in the word list below have been scrambled. Draw lines between the left and right columns to find the correct translations.

```
O E S U M A Y O H T E Í D T H T
C A M C O R D E R Í E I K U A N
I C Á M A R A Á O L R E A R Í I
T W M U R U I N S E D T T I A I
S T O E N Ó B A C I R G S S R P
Í H N S D Ó N T U A A Ó I T A H
R K U U N I I G C L P O R A M R
U O M M U O R C L A A S U P Á L
T O E R N U I E A U M D O A C Ó
A B N S O O R T C M Í E T M O S
Í E T T N Y B T C C R O R L E Y
U D O E U Q R A P A I O Á A D W
G I S T N O I T A M R O F N I N
Ó U M O N U M E N T S T N N V E
T G A L E R Í A D E A R T E I K
Ó A A I S L I B R O G U Í A S S
```

ART GALLERY	GUÍA TURÍSTICO
ATTRACTIONS	MUSEO
CAMCORDER	DIRECCIONES
CAMERA	MAPA
DIRECTIONS	LIBRO GUÍA
GUIDE BOOK	TURISTA
INFORMATION	VIDEOCÁMARA
MAP	PARQUE
MONUMENTS	GALERÍA DE ARTE
MUSEUM	CÁMARA
PARK	RUINAS
RUINS	ATRACCIONES
TOUR GUIDE	MONUMENTOS
TOURIST	INFORMACIÓN

Review Time: Draw lines between the English word on the left and the corresponding translation on the right. Refer back to the original puzzle if you need help.

```
R  S  U  E  S  L  I  D  S  N  R  É  P  N  R  N
O  L  E  A  G  E  R  A  M  P  A  O  C  E  A  N
N  O  S  L  I  É  N  P  L  A  Y  A  A  T  L  S
O  S  Y  U  Y  D  G  A  F  A  S  D  E  S  O  L
T  U  S  S  N  A  Ó  E  T  T  P  K  S  C  S  E
Ó  N  V  U  R  S  B  N  I  A  C  A  O  J  R  V
L  G  D  E  R  A  C  L  Ó  U  C  R  L  S  O  O
Ó  L  N  I  I  F  L  R  B  I  R  I  V  A  T  H
F  A  U  S  D  O  I  E  E  I  F  A  Ó  S  C  S
E  S  S  W  N  T  A  N  S  E  U  L  A  N  E  U
A  S  E  I  E  C  C  T  G  O  N  J  H  A  T  R
I  E  S  M  H  X  A  U  N  A  C  E  R  T  O  F
L  S  E  M  O  Z  A  A  S  O  M  B  R  E  R  O
H  E  V  I  W  R  É  T  N  É  B  G  G  E  P  F
M  S  A  N  D  C  A  S  T  L  E  U  D  O  I  F
D  Ó  W  G  O  L  A  S  R  E  O  É  C  R  R  P
```

BEACH	SURF
BUCKET	NATACIÓN
HAT	CASTILLO de arena
LIFE GUARD	ARENA
OCEAN	CUBO
SAND	PROTECTOR SOLAR
SANDCASTLE	SOCORRISTA
SEA	GAFAS DE SOL
SHOVEL	OCÉANO
SUN	PALA
SUNGLASSES	MAR
SUNSCREEN	OLAS
SURFING	SOL
SWIMMING	SOMBRERO
WAVES	PLAYA

Review Jumble: The translations in the word list below have been scrambled. Draw lines between the left and right columns to find the correct translations.

```
B B N H W N S H T E H U S O A H
O N I I O A R E R S I E H U I O
E H D G H Ñ U R T E H F F I O A
Ñ E Z H A A E Ñ N E C W H U E C
N S H O R T A G O G E C S D E U
W T B A D U R O S T C H T S N M
O R O L N O H I F E I I V T A N
R E I L D N T O E T Y G O I N A
R C D A A R S L A Z R Ñ G A A T
A H J N B M Y O A E O T Y R R N
N O T L A T T B N N E O D I F A
M R O L J R S U A V E W A A D T
W W L D O O G E W G A E A I S D
E A N C H O L N C E F M H N R A
T P E Q U E Ñ O H O E E U P I E
O O G E E A U E U B T T E V S B
```

BIG	DURO
SMALL	ALTO
WIDE	CORTO
NARROW	ANCHO
TALL	ESTRECHO
SHORT	BAJO
HIGH	PEQUEÑO
LOW	SECO
GOOD	MALO
BAD	BUENO
WET	ALTO
DRY	MOJADO
HARD	GRANDE
SOFT	SUAVE

Review Time: Draw lines between the English word on the left and the corresponding translation on the right. Refer back to the original puzzle if you need help.

```
C Y N T N I T T W A E O E T L S
R S I L E N C I O S O T H D A H
H I B T G Á A I R C E N O Y T H
N O I C U S P E Q U I E T O D A
I N R W N M E Y L M I L A I F R
E H R O I H O T Á C S D Á O U A
L S L L S O T R E I B A O Á T L
C A F S P T N I A N C L O S E D
R R E E O C T D X C F A O X O S
H J N O H E S H H B H R P D D T
T O D N Í R A U G L A E A W I M
E E T L E R F J O I N R R L P L
R N U Í O O F D Y S R O A C Á Í
O P A E H C A L I E N T E T R A
A R T H H E A V C G L G D N O K
V T E O T C E R R O C N I O Í N
```

FAST	CALIENTE
SLOW	SUCIO
RIGHT	CERRADO
WRONG	INCORRECTO
CLEAN	CARO
DIRTY	CORRECTO
QUIET	RÁPIDO
NOISY	BARATO
EXPENSIVE	RUIDOSO
CHEAP	LIMPIO
HOT	FRÍO
COLD	ABIERTO
OPEN	LENTO
CLOSED	SILENCIOSO

Review Jumble: The translations in the word list below have been scrambled. Draw lines between the left and right columns to find the correct translations.

```
N E G S N L A A O R A L C R N Á
A D O I P I C N I R P O V C O D
L T R S A É Í S Á O U Í H M É I
Í D D E O S Á T N I Á C K R A D
R A O I T Y I T D A T A S R E I
O Y D F Y V É N U I C V H O I F
Á É H L N Í E G R W T W N E I F
T G U B I I D T E Y E E E O I I
E E Á B H B A L R A U A V N A C
O O O H T A É F O E S E K D B U
J N H G S A R D I Y U S I L T L
N S T I T F A S O N T F A F A T
É V T I J G I J A R Í P L C Y H
E T Á C L L E N O C A A M I T G
O J B E G I N N I N G O P E O I
K A D I V S G L L U F F Á C I L
```

FULL	VIEJO
EMPTY	OSCURO
NEW	GORDO
OLD	DELGADO
LIGHT	PRINCIPIO
DARK	FIN
EASY	FÁCIL
DIFFICULT	DÉBIL
STRONG	LLENO
WEAK	— FUERTE
FAT	DIFÍCIL
THIN	VACÍO
BEGINNING	NUEVO
END	CLARO

REVIEW: OPPOSITES 4

Review Time: Draw lines between the English word on the left and the corresponding translation on the right. Refer back to the original puzzle if you need help.

```
É  S  S  R  O  R  H  I  N  S  I  D  E  Í  O  I
E  U  Ú  O  A  O  L  Ú  O  N  A  R  P  M  E  T
A  C  E  E  J  F  S  W  Í  Q  O  N  S  P  É  E
T  E  Y  T  U  E  T  L  U  F  M  C  O  H  X  É
V  R  L  E  T  H  L  Í  E  I  I  F  D  L  W  L
T  C  R  N  E  A  R  B  D  R  T  U  D  A  Í  I
U  A  A  R  H  I  L  L  R  S  L  O  N  O  U  T
O  R  E  M  I  R  P  A  A  T  Ú  A  O  E  D  A
H  É  S  Í  A  E  W  I  T  H  A  N  V  E  C  N
T  R  D  T  L  U  S  A  S  E  Ú  R  R  T  W  E
I  O  E  O  M  M  É  I  A  I  R  J  O  U  B  W
W  E  G  Y  E  T  U  A  L  E  N  V  E  H  C  U
S  F  H  E  Í  A  P  P  U  I  A  E  S  Í  T  Z
L  R  N  E  M  R  S  W  F  O  R  T  O  H  H  L
M  N  Ú  Í  R  R  E  T  F  A  E  I  F  R  C  D
E  O  R  T  N  E  D  I  S  T  U  O  M  O  L  A
```

NEAR	SIN
FAR	DENTRO
HERE	ANTES
THERE	ÚLTIMO
WITH	ALLÍ
WITHOUT	AQUÍ
BEFORE	CON
AFTER	TEMPRANO
EARLY	FUERA
LATE	CERCA
INSIDE	PRIMERO
OUTSIDE	LEJOS
FIRST	DESPUÉS
LAST	TARDE

129

Review Jumble: The translations in the word list below have been scrambled. Draw lines between the left and right columns to find the correct translations.

```
S N N Ó A H R D M U N I T A L P
N A A Ó L T D F T K P Q Q J C O
E Á N K E O E D Ó F S J D Ó Ó A
C O B R E O R D N A S I S B M P
C R I S T A L E O O G B L Y A I
Á W O C S G F A C I M Ó E V T E
D Ó H T I A H D I A M A N T E D
T H O S N T O O T R A S I C R R
O N O K I O S P S E E N S D I A
E G R R W O O A Á N H T T A A Z
L A T E M N O E L A A G A E L B
E Ó A D A I R E P P O C Y M L G
O P N Ó D T G W Ó L L A E A I Á
H D E O E A G Ó D U L A T O C N
D Á Á E R L C O N C R E T E R Y
H T D P A P M T N O M F M A A O
```

CLAY	PLATA
CONCRETE	DIAMANTE
COPPER	ORO
DIAMOND	PIEDRA
GLASS	CRISTAL
GOLD	COBRE
MATERIAL	MADERA
METAL	PLATINO
PLASTIC	HORMIGÓN
PLATINUM	METAL
SAND	ACERO
SILVER	MATERIAL
STEEL	ARENA
STONE	PLÁSTICO
WOOD	ARCILLA

Review Time: Draw lines between the English word on the left and the corresponding translation on the right. Refer back to the original puzzle if you need help.

```
E  I  A  Á  N  R  S  V  H  W  O  I  I  O  R  O
H  E  Ó  Ó  M  U  N  I  M  U  L  A  V  C  I  D
N  O  T  T  O  C  E  R  A  M  I  C  L  N  M  S
Ó  D  N  K  S  R  L  F  C  E  S  I  I  A  U  T
P  A  P  E  R  O  B  T  P  L  O  M  O  E  I  A
M  S  R  O  M  W  R  O  R  T  U  Á  S  R  N  I
A  E  S  R  T  N  A  L  E  L  N  R  T  U  A  N
A  A  Á  A  Ó  N  M  R  A  G  N  E  T  V  T  L
I  M  U  T  R  Á  E  S  E  D  O  C  M  B  I  E
A  D  A  E  L  B  U  M  E  L  R  M  R  E  T  S
O  L  N  E  B  E  E  N  E  I  I  I  A  Á  C  S
A  E  G  U  L  O  H  A  F  C  C  T  L  Ó  L  S
R  P  R  O  R  U  T  V  Z  K  H  N  H  L  S  T
I  A  O  E  D  H  N  L  T  I  T  A  N  I  O  E
A  P  U  A  E  Ó  F  A  D  I  E  I  D  O  S  E
A  C  E  R  O  I  N  O  X  I  D  A  B  L  E  L
```

ALUMINUM	ALGODÓN
BRASS	CERÁMICA
BRICK	PLOMO
CEMENT	PAPEL
CERAMIC	TITANIO
COTTON	ALUMINIO
IRON	ACERO INOXIDABLE
LEAD	CEMENTO
LEATHER	HIERRO
MARBLE	LATÓN
PAPER	SUELO
RUBBER	LADRILLO
SOIL	CUERO
STAINLESS STEEL	MÁRMOL
TITANIUM	GOMA

Review Jumble: The translations in the word list below have been scrambled. Draw lines between the left and right columns to find the correct translations.

```
W  I  O  Y  H  I  T  K  S  E  O  Y  R  T  F  T
W  H  I  S  K  E  Y  N  I  C  F  D  R  C  E  A
D  G  I  O  O  W  L  T  R  E  H  N  H  T  H  K
N  L  Y  T  O  Q  Á  E  E  I  T  A  N  U  E  D
C  D  R  E  E  M  P  F  E  J  M  R  S  A  Y  O
O  O  É  E  U  W  F  I  A  P  U  B  Y  H  R  V
N  D  E  A  U  O  I  V  Á  M  E  I  L  I  B  I
I  R  X  E  C  A  T  N  I  D  F  V  C  R  A  N
C  H  A  M  P  A  G  N  E  N  A  K  O  E  Q  O
C  N  Z  Y  G  R  P  U  I  Z  O  É  T  D  I  B
U  E  E  Y  O  B  G  U  A  G  F  T  D  W  K  L
P  Á  V  S  D  E  T  K  C  A  E  T  I  I  W  A
P  Q  R  B  I  N  L  E  C  H  E  E  B  N  A  N
A  D  E  N  Á  I  A  Y  K  S  I  H  W  E  T  C
C  E  C  Á  M  G  E  R  N  W  R  N  O  Y  E  O
E  M  H  G  O  H  A  D  B  Z  U  M  O  T  R  R
```

BEER	VINO TINTO
BRANDY	VINO BLANCO
CAPPUCCINO	BRANDY
CHAMPAGNE	CAPUCHINO
COFFEE	GINEBRA
GIN	CAFÉ
JUICE	CHAMPÁN
MILK	CERVEZA
RED WINE	LECHE
RUM	WHISKY
TEA	VODKA
VODKA	AGUA
WATER	RON
WHISKEY	TÉ
WHITE WINE	ZUMO

SOLUTIONS

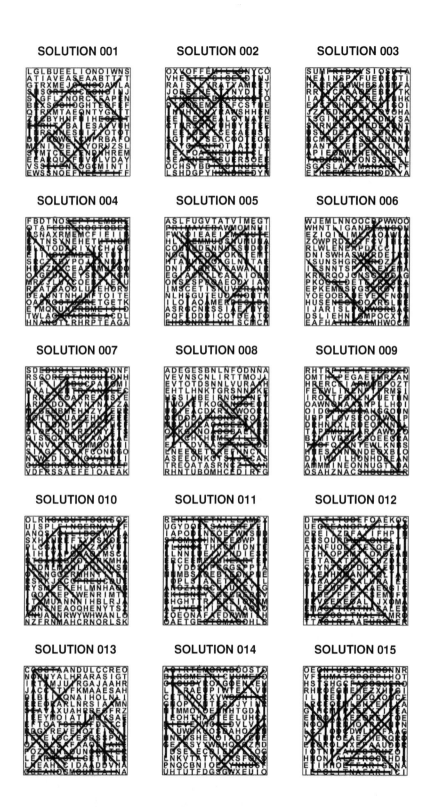

SOLUTION 001 SOLUTION 002 SOLUTION 003

SOLUTION 004 SOLUTION 005 SOLUTION 006

SOLUTION 007 SOLUTION 008 SOLUTION 009

SOLUTION 010 SOLUTION 011 SOLUTION 012

SOLUTION 013 SOLUTION 014 SOLUTION 015

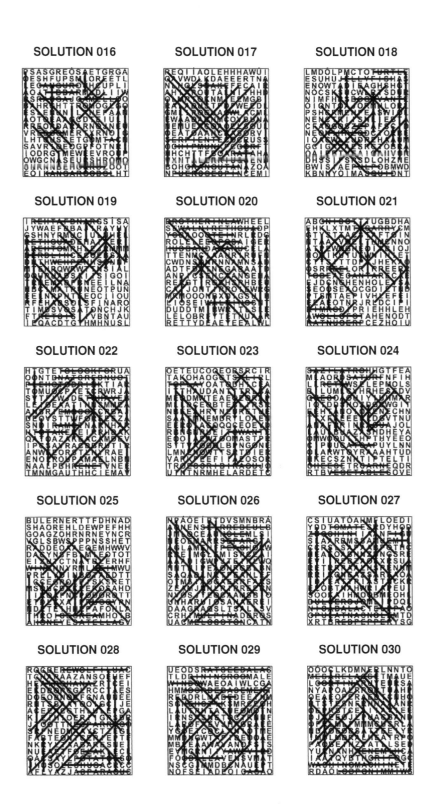

SOLUTION 016   SOLUTION 017   SOLUTION 018

SOLUTION 019   SOLUTION 020   SOLUTION 021

SOLUTION 022   SOLUTION 023   SOLUTION 024

SOLUTION 025   SOLUTION 026   SOLUTION 027

SOLUTION 028   SOLUTION 029   SOLUTION 030

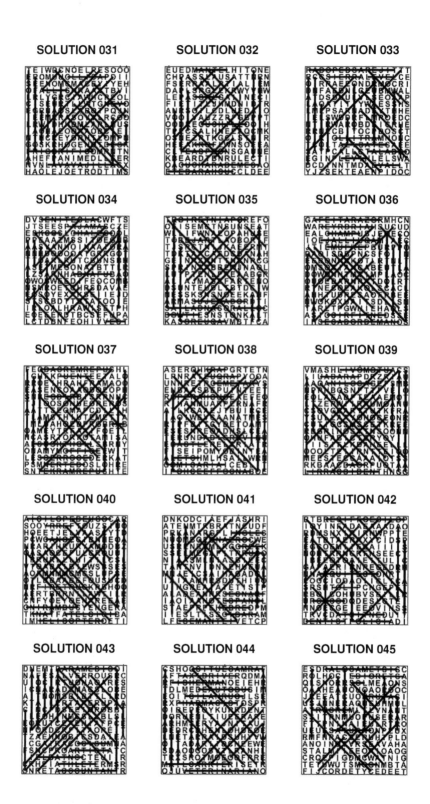

SOLUTION 031 SOLUTION 032 SOLUTION 033

SOLUTION 034 SOLUTION 035 SOLUTION 036

SOLUTION 037 SOLUTION 038 SOLUTION 039

SOLUTION 040 SOLUTION 041 SOLUTION 042

SOLUTION 043 SOLUTION 044 SOLUTION 045

SOLUTION 046

SOLUTION 047

SOLUTION 048

SOLUTION 049

SOLUTION 050

SOLUTION 051

SOLUTION 052

SOLUTION 053

SOLUTION 054

SOLUTION 055

SOLUTION 056

SOLUTION 057

SOLUTION 058

SOLUTION 059

SOLUTION 060

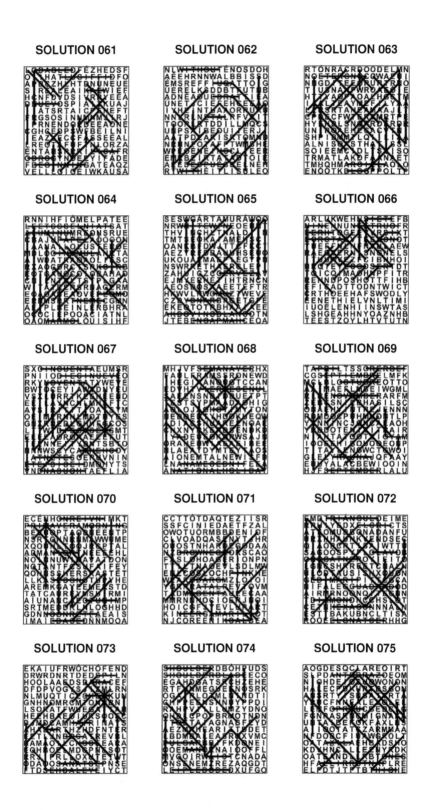

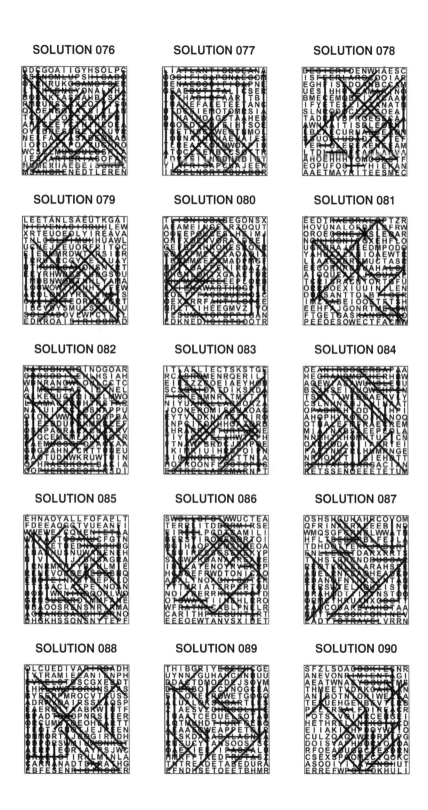

SOLUTION 076 SOLUTION 077 SOLUTION 078

SOLUTION 079 SOLUTION 080 SOLUTION 081

SOLUTION 082 SOLUTION 083 SOLUTION 084

SOLUTION 085 SOLUTION 086 SOLUTION 087

SOLUTION 088 SOLUTION 089 SOLUTION 090

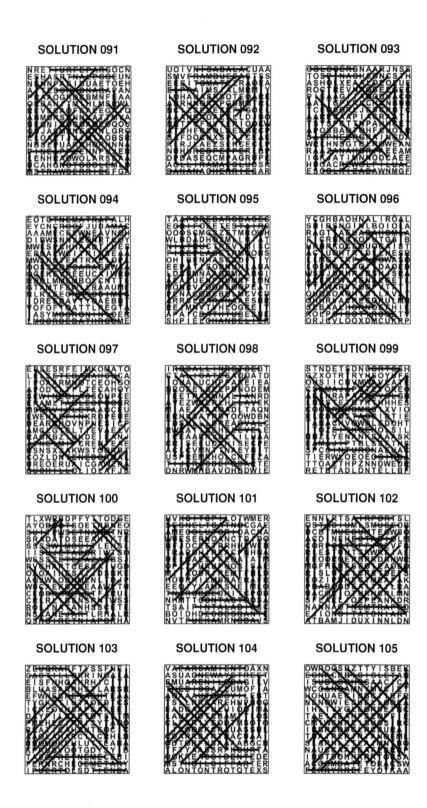

SOLUTION 091 SOLUTION 092 SOLUTION 093

SOLUTION 094 SOLUTION 095 SOLUTION 096

SOLUTION 097 SOLUTION 098 SOLUTION 099

SOLUTION 100 SOLUTION 101 SOLUTION 102

SOLUTION 103 SOLUTION 104 SOLUTION 105

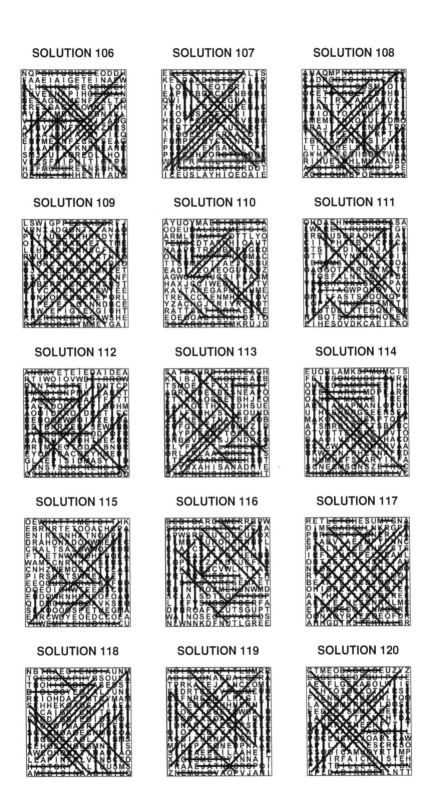

SOLUTION 106 SOLUTION 107 SOLUTION 108

SOLUTION 109 SOLUTION 110 SOLUTION 111

SOLUTION 112 SOLUTION 113 SOLUTION 114

SOLUTION 115 SOLUTION 116 SOLUTION 117

SOLUTION 118 SOLUTION 119 SOLUTION 120

SOLUTION 121

SOLUTION 122

SOLUTION 123

SOLUTION 124

SOLUTION 125

SOLUTION 126

SOLUTION 127

SOLUTION 128

SOLUTION 129

SOLUTION 130

Wordsearch Books by David Solenky

Language Series
Learn French with Wordsearch Puzzles
Learn German with Wordsearch Puzzles
Learn Hungarian with Wordsearch Puzzles
Learn Italian with Wordsearch Puzzles
Learn Polish with Wordsearch Puzzles
Learn Portuguese with Wordsearch Puzzles
Learn Romanian with Wordsearch Puzzles
Learn Spanish with Wordsearch Puzzles
Learn Swedish with Wordsearch Puzzles
Learn Turkish with Wordsearch Puzzles

Baby Name Series
Baby Name Wordsearch Puzzles
Baby Boy Name Wordsearch Puzzles
Baby Girl Name Wordsearch Puzzles

Made in the USA
Columbia, SC
17 September 2021